Bernward
bei Don Bosco

Heinz-Günter Bongartz / Georg Steins

Österliche Lichtspuren

Alttestamentliche Wege in die Osternacht

Ein Lese- und Arbeitsbuch

Bernward bei Don Bosco

Die Deutsche Bibliothek – CIP-Einheitsaufnahme

Ein Titeldatensatz für diese Publikation ist bei
Der Deutschen Bibliothek erhältlich.

verlags gruppe engagement

1. Auflage 2002 / ISBN 3-7698-1347-2

Umschlag: Michael Brandel
Lektorat und Satz: Thomas Böhm
Produktion: Don Bosco Grafischer Betrieb, Ensdorf

Gedruckt auf umweltfreundlichem Papier

Inhalt

Warum dieses Buch?

Dies ist die Nacht, von der geschrieben steht:
Die Nacht wird hell wie der Tag,
wie strahlendes Licht wird die Nacht mich umgeben.

In der Osternacht versammeln sich auf der ganzen Erde viele Christinnen und Christen, um in einer Nachtwache, einer Vigil, die Auferstehung Jesu Christi festlich zu begehen.

Das Herzstück der Osternachtfeier in der römisch-katholischen Kirche bilden *sieben Lesungen aus dem Alten Testament.* Sie erzählen von der Schöpfung, von Abraham und Isaak, von Israels Durchzug durch das Rote Meer und von den Visionen der Propheten.

Die Texte aus dem Alten Testament sind für viele unverständlich oder sogar anstößig:

- Ein Gott, der von Abraham ein Kinderopfer fordert!?
- Ägypter, die sterben müssen, damit Israel in die Freiheit ziehen kann!?
- Warum werden gerade diese Texte der Bibel ausgewählt?
- Warum kommt das Alte Testament in der Osternacht so ausführlich zu Wort?

Auch für die Liturgie Verantwortliche stehen diesen Fragen häufig hilflos gegenüber. In der Regel reduzieren sie die Zahl der Lesungen aus dem Alten Testament auf zwei oder drei. Aus der Österlichen Nachtwache – für den heiligen Augustinus „die Mutter aller Nachtwachen“ – wird eine feierliche Messe mit einigen Besonderheiten.

Die sieben alttestamentlichen Lesungen der Osternacht – ein Büfett, an dem sich jede und jeder nach Lust und Laune bedienen kann?

Dieses Buch zeigt:
Das Alte Testament ist nicht eine Zutat zur Liturgie der Osternacht, sondern der Weg zu ihrem Verständnis. Erst vom Alten Testament her wird verständlich, was die Kirche an Ostern feiert.

Das österliche Geheimnis dieser „Nacht der Nächte“ – vom Alten Testament her erschlossen!

Dieses Buch bietet:

- Auslegungen der alttestamentlichen Lesungen
- Hintergrundinformationen zur Osternachtfeier
- Hilfen für die Gestaltung der Osterliturgie.

Es ist eine biblische und liturgische Einführung – aus der Praxis – für die Praxis!

Ein Lese- und Arbeitsbuch

Dieses Buch ist *ein bibeltheologisches Lesebuch* – für alle,

- die die Osterbotschaft, das Zentrum des christlichen Glaubens, tiefer verstehen wollen
- die Wege zu einem christlichen Verständnis des Alten Testaments suchen
- die die großartigen Lesungen der Osternacht besser kennen lernen wollen
- die in die aktuelle bibeltheologische Diskussion eingeführt werden wollen.

Dieses Buch will auch *ein Arbeitsbuch* sein mit Materialien für Einzelne und für Gruppen,

- die als liturgisch Verantwortliche die Osternacht gestalten
- die Impulse suchen für die Vorbereitung der Gemeinde auf das Osterfest (offene Exerzitien u. Ä.)
- die in Glaubensgesprächen und gemeindlichen Grundkursen zum Zentrum des christlichen Glaubens finden wollen
- die Anregungen für Predigten in der Osterzeit suchen.

Jede der sieben Osternachtlesungen wird in drei Schritten erschlossen:

1. durch eine *Arbeitsübersetzung,*
- die nahe am hebräischen oder griechischen Originaltext bleibt und so hilft, die vertrauten Texte neu zu hören – gewissermaßen ein fremder „Sound“, der aufhorchen lässt und zu neuer Aufmerksamkeit führt
- die die Texte optisch gliedert, so dass die Sinnschritte und die Dynamik des Textes besser erfasst werden können.

2. durch *Impulse zur Texterschließung,*
- die thematische Schwerpunkte des Textes herausarbeiten
- die Verständnisschwierigkeiten aufgreifen
- die den Zusammenhang der Lesungen aufzeigen
- die die österliche Theologie der Texte erhellen.

3. durch eine längere *Predigt,*
- die die österlichen Lichtspuren der Texte aufscheinen lässt
- die die Texte heutigen Leserinnen und Lesern nahe bringt.

Jeder dieser drei Schritte soll helfen, die alttestamentlichen Lesungen tiefer zu verstehen und als „Osterevangelium“ zur Geltung zu bringen.

Klärungen
Das Alte Testament in der Osternacht

Schwierigkeiten mit der Gestaltung der Osternacht

Georg Steins

Umgestaltung der Osternacht?

In einer weit verbreiteten Arbeitshilfe für den Gottesdienst fand sich vor einigen Jahren folgender Vorschlag für die liturgische Gestaltung der Osternacht: Die Osternacht beginnt in der noch dunklen Kirche mit den Lesungen aus dem Alten Testament; dann zieht man aus zur Lichtfeier. Nach der Rückkehr in die Kirche folgen das große Loblied auf die Osterkerze, die neutestamentliche Lesung und das Osterevangelium.

Für die Abkehr von der vorgesehenen Reihenfolge der Osternachtliturgie, die mit der Lichtfeier beginnt und erst dann einen langen Wortgottesdienst folgen lässt, nannte die Arbeitshilfe folgenden Grund: Nach der Lichtfeier komme es zu einem „liturgischen Zusammenbruch", wenn man noch einmal ganz „von vorne", bei der Schöpfungsgeschichte beginne. Die alttestamentlichen Lesungstexte seien vielmehr eine Hinführung zur Lichtfeier.[1] Dieser Änderungsvorschlag hat vielerorts große Zustimmung erfahren und ist in den letzten Jahren von vielen Gemeinden aufgegriffen worden.

Kürzungen als wichtigstes Gestaltungsmittel

Auch dort, wo man sich scheut, so massiv in die vorgesehene Ordnung der Osternachtfeier einzugreifen, nimmt man oft und gerne Änderungen vor, die den Charakter der Feier grundlegend verändern: Ich meine die sehr verbreitete Praxis der Textkürzungen. Dieses „Gestaltungsmittel" betrifft sowohl die Zahl der alttestamentlichen Lesungen als auch den Rückgriff auf die vom Lektionar dargebotenen Kurzfassungen der Lesungstexte. Zwar ist die Möglichkeit vorgesehen, die Zahl der alttestamentlichen Lesungen zu verringern.[2] Die Struktur der Feier ändert sich jedoch erheblich, wenn der Wortgottesdienst der Osternacht sich schon quantitativ nicht wesentlich von einer gewöhnlichen Sonntagsmesse unterscheidet. Darüber hinaus gilt auch hier: Wo nichts Besonderes erlebt wird, kann auch nichts Prägendes erfahren werden!

Die vorgeschlagenen Kurztexte lassen jeden, der nur einen geringen literarischen und theologischen Sensus besitzt, regelrecht verzweifeln.[3] Aus der ohnehin schon pastoral und theologisch schwierigen Geschichte vom Abrahamopfer (vgl. Gen 22)[4], wird eine Art „Kurzkrimi", wenn der Kurzfassung zufolge Abraham sofort nach dem Opferbefehl am Ort des Opfers erscheint. Hier fehlt sowohl das Wegmotiv als auch der Schlüsselvers Gen 22,8, in dem Abraham sein Gottvertrauen äußert und den Ausgang der Sache Gott anheim stellt.

Bibeltheologische Grundprobleme

In den Änderungen im Aufbau der Osternachtliturgie wie auch in der beliebten Kürzungspraxis kommt eine große *Unsicherheit über die Stellung und Bedeutung der zahlreichen alttestamentlichen Lesungen* zum Ausdruck.

Bereiten die Texte aus dem Alten Testament die Botschaft von der Auferstehung Jesu nur vor? Denkt die Gemeinde noch einmal – vermittelt durch eine größere oder geringere Zahl von Lesungen – an einige frühere Etappen der Heilsgeschichte, bevor das *Eigentliche* verkündet wird: die Osterbotschaft aus dem Evangelium? Das Alte Testament als Vorbereitung und Hinführung zum (Oster-)Evangelium!? Oder gar als Antithese zum Neuen Testament: als Zeit der Finsternis, des Gesetzesdienstes, der Unerlöstheit!?

Die Rolle der alttestamentlichen Lesungen
Georg Steins

Das Alte Testament als Frohbotschaft

Bereits die erste Lesung dieser großen liturgischen Nacht, die Schöpfungsgeschichte aus dem Buch Genesis, macht darauf aufmerksam, dass etwas nicht in Ordnung ist, wenn der Wortgottesdienst der Lichtfeier vorangeht. Wie kann man das große Wort „Es werde Licht!" in der dunklen Kirche verkünden? Die Schöpfungsgeschichte berichtet doch nicht einfach vom Anfang der Geschichte, sondern vergegenwärtigt in festlicher Sprache den Grund von allem, was ist. Sie beginnt mit einem schauerlichen, grausigen Bild, dem Todesraum des Chaos aus Finsternis, Wasser und Wüste, dem Gott mit dem Schöpfungswort entgegentritt. Die Schöpfungsgeschichte ist kein blasses Vorspiel, sondern selbst schon Frohbotschaft: So ist Gott; er tritt „von Anfang an" (Gen 1,1) den Mächten der Finsternis und des Todes entgegen.

Der vordergründig dramatische Aufbau, der mit den alttestamentlichen Lesungen in der noch dunklen Kirche beginnt, verstellt das angemessene Verständnis dieser Texte. Diese liturgische Praxis verfestigt – sicherlich ohne böse Absicht – darüber hinaus ein Verständnis des Alten Testaments, das die Bibeltheologie der letzten Jahre überwunden und weit hinter sich gelassen hat.[5]

Die Liturgie als Hilfe zum Verständnis der Schrift

Hilfen zu einem theologisch verantworteten Verständnis der alttestamentlichen Lesungen (und damit der zwei-einen Schrift insgesamt) bietet aber nicht erst die moderne Bibeltheologie. Im Gegenteil: Sie entdeckt vielfach nur wieder, was die liturgische Praxis durch die Jahrhunderte überliefert hat – soweit diese Praxis die ursprünglichen Intentionen nicht verraten hat.

Konkret: Die komplexe Liturgie der Osternacht gibt selbst eine Reihe von Hilfen, um die Schrift zu verstehen. Diese sozusagen implizite Lesehilfe oder Hermeneutik drückt sich aus in ihrer vierteiligen Großstruktur, in Motivlinien, die die ganze Feier durchziehen (Licht/Finsternis; Wasser/Taufe ...), im komplexen Aufbau des Wortgottesdienstes mit der stets wiederholten Abfolge von Lesung, Psalm und Gebet und in einzelnen Gebeten.[6]

Es gilt die Einsicht, dass das, was vorangeht, die Rezeption des Nachfolgenden bestimmt. So empfiehlt es sich, einmal genauer die Nahtstelle zwischen der Lichtfeier als dem ersten und dem Wortgottesdienst als dem zweiten Teil der Osternachtfeier zu betrachten. Die Lichtfeier geht dem Wortgottesdienst nicht nur zeitlich voraus, sondern legt auch den Rahmen fest, in dem die nachfolgenden Lesungen gehört werden. Das Exsultet am Ende der Lichtfeier fasst alle Aspekte des ersten Teils zusammen. Im Blick auf die Schriftlesungen entwirft es eine gesamtbiblische Theologie der Rettung. Die Wiederholung der Einweise-Formel „dies ist die Nacht ..." stellt die feiernde Gemeinde in den Raum der Rettungstaten Gottes. „In einer einzigartigen poetischen Kontraktion der Zeit werden die vielen Einbrüche der Transzendenz zur Rettung des Menschen in ‚diese Nacht' zusammengedrängt."[7] So wird das allzu schlichte Schema der Entgegensetzung von Altem und Neuem Testament, von Vorgeschichte und eigentlichem Gotteshandeln, unendlich überboten.

Das Alte Testament ist keine überholte Vorstufe, sondern spricht auch heute noch mit einer eigenen Stimme. Die Einheit der beiden Testamente darf nicht zerrissen werden. Ohne diesen Zusammenklang von Altem und Neuem Testament hinge die Osterbotschaft förmlich in der Luft. Und umgekehrt enthalten die alttestamentlichen Texte bereits die Frohbotschaft: Gott will von Anfang an das Heil der Menschen. Wer Ostern verstehen will, muss sich an alles erinnern, was Gott getan hat.

Die Lesungen als Auslegung der Osterbotschaft

Der lange Reigen der Lesungen legt aus, welcher Gott so Großes an Jesus Christus getan hat. Nur wer die Bibel von Anfang an „durchläuft", kann Gottes österliches Handeln erfassen. Darum muss man auch auf der ersten Seite der Bibel beginnen und Lesung um Lesung immer wieder an den Gott erinnern, der rettet und neu schafft – bis hin zur Lesung aus dem Römerbrief („Lebt als neue Menschen!", vgl. Röm 6,4) und den Ostergeschichten der Evangelien.[8]

In der jetzt vorliegenden Form wird diese von der Liturgie offensichtlich intendierte gesamtbiblische Sicht allerdings nicht voll realisiert. Das Gloria nach dem auf die siebte Lesung folgenden Gebet und das anschließende Tagesgebet setzen eine Zäsur, die sich zwar entstehungsgeschichtlich aus dem Zusammentreffen von Vigilfeier und Wortgottesdienst der Eucharistiefeier erklären lässt. In der konkreten „Inszenierung" (Glockenläuten zum Gloria; Stimmungsumschwung durch das Einschalten des elektrischen Lichts) wird jedoch vielfach ein Bruch ausgedrückt, der den vorangegangenen Reigen alttestamentlicher Lesungen als Vorspiel erscheinen lassen muss.

Hier könnte gewiss eine zukünftige Messbuchrevision mit wenigen behutsamen und überlegten Eingriffen eine Klärung der Struktur herbeiführen, die auf eine deutlichere Trennung von Vigil- und Eucharistiefeier hinauslaufen sollte.[9]

In der vor 1970 gültigen Ordnung der Osternacht folgte die Tauffeier unmittelbar auf die Vigil, dann schloss sich die „Messe" mit einem eigenen Wortgottesdienst (Epistel und Evangelium) an. Dieser Aufbau erscheint logischer, weil er die Vigilfeier als eigene Gottesdienstform intakt lässt und den Zusammenhang zwischen den Rettungstaten Gottes und der Taufe (vgl. die Gebete nach den Lesungen) klarer zum Ausdruck bringt.[10]

Ein solcher Aufbau vermeidet den Eindruck, es handele sich bei der Osternachtfeier um eine Messe mit extrem langem Wortgottesdienst.

Keine beliebige Auswahl von Lesungstexten

Die verbreitete praktische Vernachlässigung des Alten Testaments in der Osternachtfeier beruht m.E. nicht nur auf einem mangelnden Verständnis für die grundsätzliche Bedeutung des ersten Teils der Bibel in der Liturgie dieser Heiligen Nacht. Ebenso spielt der Anschein von Beliebigkeit, den die im Lektionar dargebotene Auswahl auf den ersten Blick erweckt, eine Rolle. Eigneten sich nicht auch andere „große" Texte des Alten Testaments für diesen Gottesdienst? Müssen gerade Texte vorgetragen werden, die für immer mehr Mitfeiernde aufgrund ihrer unverstellten Gewaltdimension problematisch sind – so vor allem die Geschichten von der Opferung Isaaks (Gen 22) und von der Rettung Israels am Meer (Ex 14)?[11]

Aber die Abfolge der Lesungen (Gen 1 – Gen 22 – Ex 14 – prophetische Verheißungen[12]) bewahrt eine vorchristliche frühjüdische Interpretation des Pesach, deren Bedeutung für das christliche Erlösungsverständnis gar nicht hoch genug eingeschätzt werden kann. Das „Gedicht der vier Nächte" im *Codex Neofiti* (palästinisches Targum) stellt im Anschluss an Ex 12,42 das Pesach in den weiten Horizont von Schöpfung und Vollendung: Die erste Heilige Nacht ist die der Schöpfung (Gen 1), die zweite ist die der Erfüllung der Abrahamverheißung (Gen 15.17 und 22)[13]; in der dritten Nacht wird Israel befreit (Ex 12–15), die vierte Nacht ist die der Vollendung der Welt im Kommen des Messias.[14]

Das ist der bibeltheologische und liturgische Rahmen der Osterbotschaft – ein Rahmen, der umfassender nicht gedacht werden könnte. In ihm verbindet sich die schöpfungstheologische Dimension mit der eschatologischen, der ekklesiologischen und der soteriologischen. Statt an der Weite und Tiefe dieses Rahmens Abstriche zu machen – aus welchen „pastoralen" Motiven auch immer – käme es darauf an, *die Herausforderung dieser Größe anzunehmen*. Ostern braucht diesen „Aufwand", um der Wahrheit des Evangeliums willen!

Strahlende Lichter

Die alttestamentlichen Lesungen der Osternacht

11 Und Gott sprach:
Es lasse die Erde Grünes grünen:
Pflanzen, die Samen samen,
Fruchtbäume, die Früchte bringen, nach ihrer Art,
in denen ihr Same ist, auf der Erde.
Dementsprechend geschah es.
12 Und die Erde brachte Grünes heraus:
Pflanzen, die Samen samen,
und Bäume, die Früchte bringen, in denen ihr Same ist, nach ihrer Art.
Und Gott sah, wie gut es war.
13 Und es wurde Abend,
und es wurde Morgen:
dritter Tag.

14 Und Gott sprach:
Es seien Lichter an der Ausdehnung des Himmels,
um zu scheiden zwischen dem Tag und zwischen der Nacht,
und sie seien zu Zeichen, und zwar für Festzeiten und für Tage und Jahre,
15 und sie seien zu Lichtern an der Ausdehnung des Himmels, um zu leuchten
über die Erde hin.
Dementsprechend geschah es.
16 Und Gott machte die zwei großen Lichter,
das größere Licht zur Herrschaft über den Tag
und das kleinere Licht zur Herrschaft über die Nacht, und die Sterne.
17 Und Gott gab sie an die Ausdehnung des Himmels, um zu leuchten über die
Erde hin
18 und um zu herrschen über den Tag und über die Nacht und um zu scheiden
zwischen dem Licht und zwischen der Finsternis. Und Gott sah, wie gut es war.
19 Und es wurde Abend,
und es wurde Morgen:
vierter Tag.

20 Und Gott sprach:
Es soll das Wasser Gewimmel wimmeln, lebendige Wesen,
und Fluggetier soll fliegen über die Erde hin,
an der Vorderseite der Ausdehnung des Himmels.
21 Und Gott schuf die großen Meeresungeheuer
und alle lebendigen Wesen, die sich regen,
von denen das Wasser wimmelt, nach ihren Arten,
und das geflügelte Fluggetier nach seinen Arten.
Und Gott sah, wie gut es war.

22 Und Gott segnete sie folgendermaßen:
Seid fruchtbar und werdet zahlreich und füllt das Wasser in den Meeren,
und das Fluggetier soll zahlreich werden auf der Erde.
23 Und es wurde Abend,
und es wurde Morgen:
fünfter Tag.

24 Und Gott sprach:
Es bringe die Erde heraus lebendige Wesen nach ihren Arten:
Vieh und Kriechgetier und Wildgetier der Erde nach seinen Arten.
Dementsprechend geschah es.
25 Und Gott machte das Wildgetier der Erde nach seinen Arten und das Vieh nach
seinen Arten und alles Kriechgetier des Erdbodens nach seinen Arten.
Und Gott sah, wie gut es war.
26 Und Gott sprach:
Lasst uns Menschen machen als unser Bild/unsere Statue,
wie unsere Ähnlichkeit,
damit sie herrschen über die Fische des Meeres
und über das Fluggetier am Himmel und über das Vieh
und über alles Wildgetier der Erde
und über alles Kriechgetier, das über die Erde hin kriecht.
27 Und Gott schuf den Menschen als sein Bild/seine Statue,
als Bild/Statue Gottes schuf er ihn,
männlich und weiblich schuf er sie.
28 Und Gott segnete sie.
Und Gott sprach zu ihnen:
Seid fruchtbar und werdet zahlreich
und füllt die Erde und unterwerft sie.
Und herrscht über die Fische des Meeres
und über das Fluggetier des Himmels
und über jedes Tier, das über die Erde hin kriecht.
29 Und Gott sprach:
Siehe, hiermit gebe ich euch
alle Pflanzen, die Samen samen, die über die ganze Erde hin sind,
und alle Bäume, an denen Baumfrüchte sind, die Samen samen:
euch sollen sie zur Nahrung sein.
30 Allem Wildgetier der Erde
und allem Fluggetier des Himmels
und allem Kriechgetier auf der Erde, in dem lebendiges Wesen ist,
gebe ich alles Blattwerk der Pflanzen zur Nahrung.
Dementsprechend geschah es.
31 Und Gott sah alles, was er gemacht hatte,
und siehe, es war sehr gut.

Und es wurde Abend,
und es wurde Morgen:
der sechste Tag.

2,1 So wurden vollendet der Himmel und die Erde und ihr ganzes ‚Heer':
2 Gott vollendete am siebten Tag seine Arbeit, die er gemacht hatte, und er hörte am siebten Tag auf mit all seiner Arbeit, die er gemacht hatte.
3 Und Gott segnete den siebten Tag und er heiligte ihn, denn an ihm hörte er auf mit all seiner Arbeit, die Gott geschaffen hatte, um zu machen.

Impulse zur Texterschließung

Von deiner Huld, o Herr, ist die Erde erfüllt.

Die Bekanntheit des ersten Schöpfungsberichtes und seine wichtige Rolle sowohl in der theologischen Tradition wie in der jüngeren Geistesgeschichte (ich denke vor allem an den Streit um das kopernikanische Weltbild und um die Abstammung des Menschen) belasten die Wahrnehmung dieses Anfangs- und „Spitzentextes" der Bibel.

Wer diese Fragen ein wenig zurücktreten lässt und sich dem Gefüge des Textes aussetzt, wird zunächst den Eindruck gewinnen, *dass es hier um Ordnung geht,* ja, es herrscht Ordnung. Das erzählte Geschehen ist gegliedert, fast möchte ich sagen „sortiert" – und zwar durch die Abfolge der Tage, aber auch durch den sich wiederholenden inneren Aufbau der einzelnen Abschnitte und die ständige Wiederkehr bestimmter Formulierungen. Die Welt wird als ein geordnetes Ganzes dargestellt. Der Aufbau erinnert an einen Teppich mit sich wiederholenden Mustern oder treffender: an ein Bauwerk mit seinen einzelnen Stockwerken. Und in der Tat: Die Welt wird hier als ein „Lebenshaus für alles Lebendige" (Erich Zenger) vorgestellt.

Bei näherem Hinsehen gibt es auch in diesem bekannten Text noch Überraschendes zu entdecken:

Erstens fällt auf, dass das dominierende Ordnungsmuster nicht der Raum ist, sondern die Zeit: Schöpfung wird zuallererst vorgestellt als eine Ordnung der Zeit. Das Thema „Zeit" findet sich am Anfang (am ersten Tag wird die grundlegende Zeiteinheit „Tag" geschaffen), in der Mitte (am vierten Tag werden die Größen Sonne und Mond für die Zeitmessung nach Monaten und Jahren und für die Festtage des Jahres geschaffen) und am Ende des Textes (von den sechs „Werk-Tagen" wird der siebte Tag als etwas Besonderes abgehoben).

Die *zweite* Besonderheit wird selten wahrgenommen, wohl weil der Text zu vertraut ist: Nach der Überschrift von Vers 1 würde man erwarten, dass Vers 2 die Ordnung des in Vers 1 Geschaffenen ausführlich schildert. Aber in Vers 2 setzt die Erzählung mit drei Todesbildern ein: Wüste, Finsternis und Chaoswasser. Im Folgenden überwindet Gott diese Todesmächte und fügt sie in die Ordnung des Weltganzen:

- Der todbringenden Finsternis setzt Gott das lebenschaffende Licht entgegen.
- Die Chaoswasser werden gebändigt und zurückgedrängt, so dass sie Lebensräume freigeben. (Bei der Sintflut Gen 6–9 kehren die Todeswasser noch einmal zurück.)
- Die Erde ist keine Wüste, sondern erhält ein grünes Kleid, die Pflanzen und Fruchtbäume zur Versorgung von Vieh und Mensch.

Das Töten von Tieren als Nahrung des Menschen wird erst nach der Sintflut erlaubt. Gen 1 kennt nur einen friedlichen Vegetarismus. Die Überwindung der Todesmächte ist das Osterthema schlechthin; Gen 1 verkündet so bereits das Osterevangelium, die frohe Botschaft vom Sieg Gottes über alles, was dem Leben entgegensteht.

Drittens erhält der Mensch in diesem Lebenshaus der Schöpfung eine Sonderrolle. Als ein Bild (wörtlich: [eine lebendige] Statue) Gottes (der Mensch wird *als* Bild Gottes geschaffen, so auch richtig in der Einheitsübersetzung) ist er beauftragt, wie ein königlicher Hirte dafür zu sorgen, dass alle in diesem Lebenshaus leben können. Der so genannte „Herrschaftsauftrag" ist ein „Hüteauftrag". Der Mensch ist Stellvertreter des sich um das Leben sorgenden Gottes in Gottes Schöpfung. Gen 1 redet noch nicht von Mann und Frau, dieses Thema wird erst in Gen 2 entwickelt, sondern vom männlichen und weiblichen *Menschen*. Der Text betont folglich das beiden Geschlechtern gemeinsame Menschsein und die gleiche Verantwortung.

Der erste Text im Reigen der österlichen Lesungen lässt also bereits die großen Themen anklingen, die in den nachfolgenden Lesungen aufgenommen werden: Gottes Eintreten für das Leben und gegen den Tod, die besondere Rolle des Menschen und die Zeit als Raum der Herrschaft Gottes.

Ein weiteres zentrales Thema der Osternacht scheint noch nicht auf: das Gottesvolk Israel. Aber dies ändert sich mit der nachfolgenden Lesung (Gen 22), die uns in der Berufung und Bewährung Abrahams sowie der Rettung Isaaks an den Ursprung des Gottesvolkes führt.

Predigt

„Österliche Lichtspuren" habe ich die alttestamentlichen Lesungen der Osternacht genannt. Es ist ja irgendwie komisch: dass wir in der Osternacht, dem genuin christlichen Fest der Auferstehung Jesu, unseren Blick in die Ur- und Vätergeschichte Israels zurückwerfen und uns in dieser Nacht der Nächte anrühren lassen durch Prophetenworte, die an das Volk des Ersten Bundes gerichtet sind.

Und diese „Rückschau" provoziert bei vielen Christen ein verheerendes Missverständnis: Sie haben die Meinung, diese Texte hätten nur eine dienende Funktion. Man brauche sie für das Verstehen von Ostern nur so, wie man das Einmaleins braucht, um in der Mathematik den Satz des Pythagoras zu verstehen: die alttestamentlichen Lesungen als historischer Background und historische Verstehenshilfe, um dann in der Mitte des Gottesdienstes das Evangelium verstehen zu können.

Eine alttestamentliche „Bibelstunde"

Es gibt aber eine österliche Erzählung, die diese bis heute weit verbreitete Vorstellung korrigiert. Sie kennen alle diesen Text: Da gehen zwei Männer, einer von ihnen hieß Kleopas, von Jerusalem nach Emmaus. Auf dem Weg begegnen sie einem Fremden. Und nachdem der Unbekannte in ihrer Mitte fragt, was geschehen ist, fangen sie an zu erzählen. Und dann erzählen sie und erzählen – fast ohne Ende. Ihr Bericht über die vergangenen Ereignisse in Jerusalem nimmt fast die Hälfte des Evangeliums ein. Nachdem sie zu Ende erzählt haben, entgegnet ihr Begleiter:

> Begreift ihr denn nicht? Wie schwer fällt es euch, alles zu glauben, was die Propheten gesagt haben. Musste nicht der Messias all das erleiden, um so in seine Herrlichkeit zu gelangen? Und er legte ihnen dar, ausgehend von Mose und allen Propheten, was in der gesamten Schrift über ihn geschrieben steht.
> (Lk 24,25–27)

Jesus, den sie immer noch nicht erkennen, hält für seine Jünger eine „Bibelstunde". Aber es ist eine Bibelstunde aus dem Alten Testament, denn das Neue Testament gibt es noch gar nicht. Das, was mit Jesus geschehen ist, seine Auferstehung und Verherrlichung durch den Vater, ist im Alten Testament begründet. In der Geschichte des Mose mit Israel und in den Predigten der Propheten liegt ein innerer Schlüssel. Dieser schließt auf, was am Ostermorgen Jesus selbst diesen beiden Jüngern erschließt.

Aus diesem Grund schauen wir in der Osternacht in das Alte Testament. Wir tun genau das, was Jesus selbst am Ostermorgen tut. Wir lesen sieben alttestamentliche Lesungen (oder eine Auswahl davon), wir lesen in unserer Bibel, die uns mit unseren jüdischen Schwestern und Brüdern verbindet.

Die große Krise des Exils ...

Die erste Lesung der Osternacht besteht aus den ersten Zeilen der Heiligen Schrift. Es ist die große Erzählung vom Schöpfungswerk Gottes.

Was hier Schritt für Schritt über das Werden der Schöpfung, der Tier- und Pflanzenwelt und des Menschen erzählt wird, ist keine Erzählung aus einem alten Physikbuch. Wir können diese Geschichte nicht verstehen, wenn wir davon ausgehen, sie wolle uns erzählen, wie die Welt entstanden sei. Nein, der Autor dieser Geschichte hat einen anderen Grund: Er will in Erinnerung rufen, *wer* diese Welt geschaffen hat und *wozu*!

Um diesen Hintergründen ein Stück näher zu kommen, möchte ich mit Ihnen einen Sprung in die Entstehungszeit dieser alttestamentlichen Erzählung wagen. Ich phantasiere dabei ein bisschen:

Da ist ein sprachgewandter Schriftsteller. Er ist wahrscheinlich Priester. Vielleicht hat er sein schriftstellerisches Handwerk in der Tempelschule von Jerusalem oder in den Bildungskreisen des jüdischen Königshofes gelernt. Er lebt in einer wirren Zeit. Israels Könige betreiben eine verlogene Politik. Es bricht eine Katastrophe herein, die die Propheten in einem vielstimmigen Chor angekündigt haben. Israel wird von der

Großmacht Babylon überrollt und alle, die etwas bedeuten und können, werden in das fremde Land verschleppt. Darunter auch der Schriftsteller.

Diese Gefangenschaft in Babylon ist die größte bis dahin gekannte politische und religiöse Katastrophe Israels. Es verliert im babylonischen Exil all das, was die eigene Identität bestimmt: das Königtum, den Tempel, das Land.

Platt gewalzt haben die Babylonier im 6. Jahrhundert vor Christus nicht nur das Land und den Tempel, platt gewalzt ist auch Israels Selbstverständnis. Das Volk, das sich ganz von Gott versteht, das Volk, das die eigene Geschichte immer als Befreiung durch Gott verstanden hat, dieses Volk landet wieder in der Sklaverei. Ägypten hat jetzt nur einen neuen Namen: Babylon. Alles andere ist wie eine Neuauflage. Im Psalm 137 fließen Wut und Trauer und Zorn in ein Gebet an Gott ein. Israel macht aus seinem verwundeten Herzen keine Mördergrube. Es spricht vor Gott ungefiltert aus, was es denkt. Die Worte, die der Psalm-Beter findet, sind so voller Vergeltungswünsche, dass sie in unseren liturgischen Büchern keinen Platz gefunden haben:

An den Strömen von Babel,
da saßen wir und weinten, wenn wir an Zion dachten.
Wir hängten unsere Harfen an die Weiden in jenem Land.
Dort verlangten von uns die Zwingherren Lieder,
unsere Peiniger forderten Jubel: „Singt uns Lieder vom Zion!"
Wie könnten wir singen die Lieder des Herrn, fern, auf fremder Erde?
Wenn ich dich je vergesse, Jerusalem, dann soll mir die rechte Hand verdorren.
Die Zunge soll mir am Gaumen kleben,
wenn ich an dich nicht mehr denke,
wenn ich Jerusalem nicht zu meiner höchsten Freude erhebe.
Herr, vergiss den Söhnen Edoms nicht den Tag von Jerusalem;
sie sagten: „Reißt nieder, bis auf den Grund reißt es nieder!"
Tochter Babel, du Zerstörerin!
Wohl dem, der dir heimzahlt, was du uns getan hast!
Wohl dem, der deine Kinder packt und sie am Felsen zerschmettert!
(Ps 137)

Israel erlebt sich in Babel als ein geknechtetes, unfreies Volk. Das führt in eine solche fundamentale Gotteskrise, wie sie Israel bis dahin noch nicht gekannt hat.

Das, was das Volk Gottes in der Gefangenschaft erlebt, lässt sich nicht mit dem Gott in Verbindung bringen, der sich beim Auszug aus Ägypten als der Gott der Befreiung erwiesen hat. Das, was die Nachkommen Abrahams an Entehrung und Missachtung durch die Babylonier hinnehmen müssen, das lässt sich nicht mit der Verheißung in Einklang bringen, dass Gott für Israel ein gelobtes Land bereithält, in dem Milch und Honig fließen.

Ja, Israel hat eine Gotteskrise. Darum Zorn und Wut. Hier in Babylon kündet sich schon an, was sich im Verhältnis zwischen Gott und seinem Volk durch die kommenden Jahrtausende so oft ereignen wird.

... und das neue Gott-Suchen

Gott wird seinem Volk fremd. Aber trotzdem lässt Israel nicht von seinem Gott los: Israel streitet mit Gott. Israel kämpft mit Gott. Israel schleudert die Wut über das erlittene Unrecht Gott entgegen. Israel macht vor Gott keinen Hehl aus den Gefühlen. Im Psalm 137 mischen sich Hass und Verdruss mit dem unüberlegten, aber emotional sich spontan einstellenden Gedanken einer radikalen Vergeltung:

> Tochter Babel, du Zerstörerin!
> Wohl dem, der dir heimzahlt, was du uns getan hast!
> Wohl dem, der deine Kinder packt und sie am Felsen zerschmettert!
> (Ps 137,8–9)

Darf man so denken? Darf man so zu Gott reden? Wut allein hilft nicht weiter. Zorn und Vergeltungsgedanken können zwar den erhöhten Adrenalinspiegel wieder ausgleichen. Aber eine neue Perspektive, ein neuer Lebenssinn, eine ermutigende Vision, die braucht etwas anderes.

Ich erinnere an den vorhin vorgestellten Schriftsteller aus der Jerusalemer Oberschicht, der ebenfalls nach Babylon verschleppt wird. Er wählt einen anderen Weg. In der Ohnmacht der Gotteskrise will er neu von Gott reden. Dort, wo es Israel in der neuen Sklaverei die Sprache verschlagen hat, will er neue Worte finden – Worte, die abbilden, wie Gott von Anfang an war. In der Welt fremder Götter und Götzen will er in Erinnerung rufen, wie vom Gott Israels zu denken und zu reden ist.

Aber hier in der heidnischen Welt der babylonischen Fremdherrschaft, wie soll man hier von Gott reden, so dass es tröstet und ermutigt? Für die Babylonier waren die Menschen Spielbälle der Götter, Marionetten zum Zeitvertreib und Sklaven zur Erledigung der Arbeit. In dieser fremden Welt der religiösen Isolation fragt der jüdische Schriftsteller zurück auf die tiefste Wurzel des Bildes von Gott – und damit auch nach den Menschen. Wie ist Gott und mit welcher Absicht hat er den Menschen ins Leben gestellt? Was darf der Glaubende von Gott in Zukunft erwarten?

Wer die Frage nach der Zukunft stellt, stellt immer die Frage nach dem Anfang. Wenn Gott der Unveränderliche ist, dann ist der Gott der Zukunft auch der Gott, der am Anfang alles ins Dasein gerufen hat.

Im Lebensrhythmus einer heidnischen Welt fragt Israel mit der Schöpfungsgeschichte nach dem Gesicht Gottes. Was beabsichtigt Gott mit dem Leben der Menschen? Welcher Sinn steckt in dem, was Gott gemacht hat? Gibt es einen Sinn auch in der Ausweglosigkeit? Bleibt im Lauf der Zeiten Gott Partner des Menschen oder kann er sich auch von ihm verabschieden?

Kurzum: Der Schöpfungsbericht ist die Antwort auf einen Fragenden im dunklen Chaos einer entsetzlichen Gefangenschaft. Seine Frage lautet: Was müssen wir vom Grund her von Gott denken, damit wir in den Fluten der Sinnlosigkeit, die uns bis zum Halse stehen, noch Hoffnung haben dürfen?

Schöpfung aus Gottes Wille

Wie müssen wir vom Grund her von Gott denken? Die erste Antwort steht in der ersten Zeile: Gott ist der, der das „Tohuwabohu" ordnet. „Tohuwabohu" ist das hebräische Wort für „wüst und wirr"!

> Die Erde war wüst und wirr, Finsternis lag über der Urflut.
> (Gen 1,2)

Am Anfang steht das Chaos. Alles ist Finsternis und Tod. In dieses Chaos spricht Gott sein „Es werde ..." hinein. Der erste Satz der Bibel formuliert ein Grundbekenntnis des Glaubens: Alles, was es gibt, Himmel und Erde, das Leben von Pflanzen, Tieren und Menschen, kommt von Gott. Gott begründet eine Werdegeschichte.

Das Leben ist kein Zufall. Gottes Wille ist Alleinursache allen Lebens. Das hebräische Wort für „schuf" bezeichnet nicht das Werden aus etwas, sondern das eigenständige Hervorbringen allen Lebens aus dem Nichts. Also ist die Welt, der Kosmos, die Schöpfung kein natürliches Zufallsprodukt, sie sind nicht die „sechs Richtigen" einer Evolutionsgeschichte.

Auch wenn wir heute wissen, dass die Welt über Millionen von Jahren entstand – am Anfang, so behauptet gläubig die erste Zeile der Bibel, steht Gott, der sprach „Es werde ...". Am Anfang steht Gott, der etwas will. Am Anfang steht Gott, der mit allem eine Absicht verfolgt. Am Anfang steht Gott, der einen Prozess anstößt, dessen Steuerung er bewusst und mit Kraft wahrnimmt.

Was müssen wir vom Grund her von Gott denken? Gott ist kein blinder „Macher"! Er hat eine konkrete Vorstellung. Er ordnet und trennt, damit Leben möglich wird: Himmel und Erde, Licht und Dunkel, Wasser und Erde, Tag und Nacht, Sonne und Mond. In lyrischen Rhythmen erzählt der Schöpfungsbericht, wie Gott einen Raum schafft, ein Haus bestellt, in dem alles Leben möglich wird.

„Gott konstruiert den Kosmos gewissermaßen wie ... ein Haus." Zunächst entsteht eine große Höhle. Aus den chaotischen Urmassen werden Fundament und Säulen gefertigt, die dem Lebensraum Halt und Stabilität verleihen. In dieser so von zerstörerischen Wasserfluten befreiten kosmischen Höhle ermöglicht dann das Himmelsgewölbe und der kontinentale Erdboden für alles Leben eine gesicherte Weite und Breite. „So ist aus der Höhle ein Haus geworden. Diese wird dann mit Gegenständen und Bewohnern erfüllt: von den Gestirnen über die Pflanzen, Fische, Vögel und Landtiere bis zu den Menschen. Vieles in diesem Kosmos funktioniert auch in Maschinenanalogie, etwa die Zeitansage durch die Gestirne. Die Gestirne sind wie ein Weltuhrwerk."[15]

Gottes Schöpfung hat ein Ziel: Sie soll der Raum werden, in dem der Mensch Geborgenheit erfahren kann. So wie Vater und Mutter, die ein Kind erwarten, das Haus herrichten, ein Bettchen aufstellen, erstes Spielzeug bereitlegen und ein erstes Stofftier kaufen, so richtet Gott den Lebensraum des Menschen ein, damit er sich willkommen fühlt.

Was müssen wir vom Grund her von Gott denken, damit in dieser entsetzlichen Einkerkerung im fremden Land Hoffnung bleibt? Der Autor des Schöpfungsberichts durchdringt diese Frage nicht nur mit dem, was äußerlich sichtbar zur Schöpfung gehört. Er denkt und glaubt tiefer: Gott schafft nicht nur eine dingliche Welt, sondern er verdrängt das Chaos, indem er der Zeit eine Ordnung gibt. Die Zeit mit ihrer inneren Ordnung ist Gottes Schöpfungswerk.

Wir finden einen Zugang zu diesem Gedanken, wenn wir noch einmal in die ersten Zeilen des Bibeltextes schauen: Alles, was das Leben raubt: die unbändige Urflut, das undurchschaubare Chaos, die unendliche Leere, die Kälte und Finsternis, all dem begegnet Gott am ersten Tag mit der Schaffung des Lichtes. Es steht da:

> Und Gott sah das Licht, wie gut es war.
> (Gen 1,4)

Sechsmal im Bibeltext fällt der Kommentar Gottes gleich aus: „Er sah, dass es gut war." Aber an dieser Stelle wird das Licht ausdrücklich genannt.

> Und Gott sah das Licht, wie gut, schön, lebensförderlich es war.

Mit dem Licht macht Gott es nicht nur hell, sondern die Abwechslung von hell und dunkel macht Einteilung möglich, Zeit erfahrbar, Geschichte erlebbar. Gott ist nicht nur Herr der Schöpfung, er ist auch von Anfang an Herr der Zeit. Sie kommt von ihm. Er selbst hat der Schöpfung die Zeit eingestiftet und darum wird er fortan in aller Zeit sein Zuhause haben. Wenn Gott in dieser Schöpfung zu finden ist, dann in der Zeit, zu jeder Zeit. Ob in der Rückschau in die Vergangenheit, ob in der Gegenwart hier und jetzt oder mit der Frage, was uns die Zukunft bringen mag – der erste Schöpfungsbericht antwortet und behauptet glaubend: Von Anfang an ist der in der Zeit gegenwärtig, der alle Zeit geschaffen hat. Fortan ist das Thema der Bibel: Gott in der Zeit zu finden.

Der Mensch – königliches Abbild

Wie müssen wir vom Grund her von Gott denken, um in Babylon die Hoffnung zu bewahren? Die wenigen Zeilen über die Erschaffung des Menschen geben die nächste Antwort:

> Gott schuf den Menschen also nach seinem Abbild; als Abbild Gottes schuf er ihn.
> (Gen 1,27)

Was hier in einem einzigen Satz beschrieben ist, hat revolutionäre Kraft. Nach den Vorstellungen der altorientalischen Kultur war nur der König aufgrund seines Amtes „Abbild Gottes"! Seine Aufgabe war es, mit göttlicher Autorität für die innere und äußere Lebensordnung einzustehen, um so Feinde abwehren zu können. Der König bezog seine Autorität und damit Unangefochtenheit aus der Vorstellung, menschgewordene Gottheit zu sein.

Der Schöpfungsbericht ist dazu eine Antithese! Mit der biblischen Schöpfungserzählung wird diese göttliche Würde nunmehr allen Menschen zugesprochen. Jeder ist ein Abbild Gottes. Jeder hat nach der Vorstellung des Schöpfungsberichtes die Würde eines Königs. Welche Sprengkraft in dieser Vorstellung liegt, wird allein deutlich, wenn wir durch den jüdischen Religionsphilosophen Martin Buber mit folgendem Wort daran erinnert werden:

> Es gibt nur wirklich eine Sünde – zu vergessen, dass jeder ein Königskind ist.

Nicht aufgrund des eigenen Zutuns und nicht durch das Hervorbringen besonderer Leistungen ist der Mensch etwas, sondern ganz und gar allein als Mensch ist der Mensch königliches Bild Gottes. Jeder Mensch ist ein Sakrament Gottes, diese Vorstellung ist in der Heiligen Schrift auf der ersten Seite grundgelegt. Die gleiche Würde aller begründet alle demokratische Grundstruktur menschlichen Lebens. Wie lange haben wir gebraucht, um diese Auszeichnung Gottes an uns verstehen zu lernen?

Ein letztes Mal: Was müssen wir vom Grund her von Gott denken, wenn das Leben hinter Mauern eingepfercht ist und man trotzdem an die Zukunft glauben will?

Sabbat – Geschenk des kreativen Gottes

Der Autor des Schöpfungsberichts erinnert sich: Im Gang durch die Zeit erweist sich Gott nicht als „Hektiker". Darum ist der Bibeltext nicht mit der Erschaffung des Menschen zu Ende. Nach dem sechsten Tag folgt der Sabbat. Hier handelt es sich keineswegs um ein Anhängsel. Gott macht nicht einfach „nur mal Pause". Nach getaner Arbeit kommt jetzt die Ruhe – gleichsam als Lohn für die Anstrengung. Der Schöpfungsbericht weiß, dass der siebte Tag noch einmal Gottes kreative Idee, Gottes eigenmächtige Setzung ist:

> Gott vollendete am siebten Tag sein Werk, das er gemacht hatte, und er ruhte am siebten Tag von all seinem Werk, das er gemacht hatte. Und Gott segnete den siebten Tag und heiligte ihn, denn an ihm ruhte er von all seinem Werk, das Gott geschaffen hatte, um es zu machen.
> (Gen 2,2f).

Der siebte Tag ist ein Tag des Segens und der Heiligung. Gott fügt diesen siebten Tag der Schöpfung nicht hinzu, weil er ihn für sich bräuchte. Gott heiligt den siebten Tag um der Menschen willen. Er ist der sichtbare Einschnitt im so oft hektischen und arbeitsamen Ablauf der Zeit.

Der Sabbat wird die wöchentliche Erinnerung daran, dass bei Gott die Gabe vor der Aufgabe kommt, das Geschenk vor dem Auftrag, die anerkennende Liebe vor der Sendung. Der Sabbat will davor bewahren, dass wir Unmenschen ohne Rast und Ruhe werden. Vielmehr möchte er uns hinein nehmen in die Gegenwart des Ewigen. Dieser hat uns alles Leben geschenkt, damit wir so den richtigen Sinn für die Prioritäten des Lebens finden.

Gottes neue Schöpfung

Die Schöpfungsgeschichte ist eine österliche Lichtspur. Sie beginnt mit dem grausamen Bild vom Todesraum des Chaos, dem Gott mit seinem mächtigen und wirkmächtigen Wort entgegentritt. So ist Gott vom Grund und vom Anfang her: Er tritt allem, was dem Leben keinen Raum gibt, entgegen. Die Mächte der Finsternis und des Todes haben bei ihm keine Chance.

Die ersten Seiten der Bibel sprechen groß von Gott. Das bleibt nicht ohne Folgen für das Verständnis vom Menschen: „Das Jenseits ist die Kraft des Diesseits!"[16], sagt Ernst Troeltsch. Unausgesprochen ist der Autor des Schöpfungsberichtes von dieser Wahrheit erfüllt. Er erzählt groß von Gott, damit seine Brüder und Schwestern des Glaubens in den verletzenden Niederungen und in der Schmach der babylonischen Welt nicht den Glauben an die eigene Würde verlieren.

Die bekannte Dichterin Silja Walter wird einmal gefragt: „Was ist die Kirche für Sie?" Und sie antwortet:

> Sie ist Ort im Jetzt und Hier, wo geschieht, was Gott im Buch Genesis (1,26) sagt: Lasst uns Menschen machen nach unserm Bild. Somit ist Kirche der Raum, die Gegend, wo neue Schöpfung geschieht, durch allen Zerfall, Umbruch und durch alle Aufbrüche der Geschichte und Gegenwart hindurch.[17]

Wer vom Grund her an den Gott glaubt, der den Todesmächten entschieden Einhalt gebietet, tritt in dieser Welt allem entgegen, was Menschen den Lebensatem nimmt.

Wer vom Grund her an den Gott glaubt, der Herr aller Zeiten ist, der verteufelt die Gegenwart nicht, sondern hilft, dass Gottes Handeln imLeben hier und jetzt mehr zum Zuge kommt.

Wer vom Grund her an den Gott glaubt, der sich im Gesicht eines jeden Menschen widerspiegelt, der unternimmt alles, damit jeder Mensch sich auf dieser Erde wie ein König willkommen fühlt.

Wer vom Grund her an den Gott glaubt, der den Tag der Heiligung und des Segens geschaffen hat, der setzt nicht nur auf immer mehr Wachstum. Er weiß sich auch denen liebend verpflichtet, die nichts (mehr) zum Bruttosozialprodukt beitragen können.

Wer vom Grund her glaubt, dass Gott alle Zeit hat und darum selbst ausruhen kann, der wird in all seinem irdischen Schaffen, Entwerfen, Planen und Ordnen dafür Sorge tragen, dass es den Sabbat, den Sonntag gibt.

Der Glaube an einen Gott, der das Leben will und es als Gabe aus sich heraus schenkt, ist kein weltfremder Glaube. Die Kehrseite dieses Glaubens an Gott, der den Menschen als sein Abbild erschuf, ist der unaufgebbare Glaube an die Würde des Menschen.

Darum lesen wir diese Lesung aus den ersten Seiten der Bibel in der Osternacht. Sie ist eine Geschichte für das Leben. Sie will ermutigen, mehr Mensch zu werden. Denn wer glaubt, dass Gott uns zu seinem Ebenbild geschaffen hat und nicht zu

Knechten von Arbeit und Konsum, der ist niemandem untertan. Wer sich diesem Gott zugehörig weiß, existiert nicht dumpf vor sich hin. Nein, er hat nur noch ein Ziel: zum Segen für Mensch und Schöpfung zu werden.

Glaube ist mehr als Erfahrung

Vom Osterlicht eines fremden Gottes

Gen 22,1–19 (Lektionar 22,1–18)

1 Nach diesen Ereignissen prüfte Gott Abraham. Er sagte zu ihm:
Abraham!
Er sagte:
Hier bin ich.
2 Gott sagte:
Nimm doch deinen Sohn, deinen einzigen, den du liebst, Isaak,
und geh in das Land Morija,
und bring ihn dort auf einem der Berge, den ich dir nenne, als Brandopfer dar.
3 Frühmorgens stand Abraham auf, sattelte seinen Esel, nahm seine beiden Jungknechte und seinen Sohn Isaak, spaltete Holz zum Brandopfer und machte sich auf den Weg zu dem Ort, den ihm Gott genannt hatte.

4 Am dritten Tag erhob Abraham seine Augen und sah den Ort von weitem.
5 Er sagte zu seinen Jungknechten:
Bleibt mit dem Esel hier!
Ich und der Knabe, wir wollen hingehen und anbeten;
dann kommen wir zu euch zurück.
6 Abraham nahm das Holz für das Brandopfer und legte es auf seinen Sohn Isaak.
Er selbst nahm in seine Hand das Feuer und das Messer.
Und beide gingen miteinander.
7 Isaak sagte zu seinem Vater:
Mein Vater!
Er sagte:
Hier bin ich, mein Sohn!
Isaak sagte:
Hier sind das Feuer und das Holz.
Und wo ist das Schaf für das Brandopfer?
8 Abraham sagte:
Gott wird sich das Schaf zum Brandopfer ersehen, mein Sohn!
Und beide gingen miteinander.
9 Und sie kamen an den Ort, den Gott ihm genannt hatte.
Abraham baute den Altar, schichtete das Holz auf, band seinen Sohn Isaak und legte ihn auf den Altar, oben auf das Holz.
10 Und Abraham streckte seine Hand aus und nahm das Messer, um seinen Sohn zu schlachten.

11 Da rief ihm der Bote JHWHs vom Himmel her zu:
Abraham! Abraham!
Er sagte:
Hier bin ich!
12 Jener sagte:
Streck deine Hand nicht gegen den Knaben aus und tu ihm nichts!
Denn jetzt weiß ich, dass du Gott fürchtest
und deinen einzigen Sohn mir nicht vorenthalten hast.
13 Abraham erhob seine Augen und sah.
Und siehe, ein Widder – hinten – hatte sich verfangen mit seinen Hörnern im Gestrüpp.
Abraham ging hin, nahm den Widder
und brachte ihn an Stelle seines Sohnes als Brandopfer dar.
14 Abraham nannte jenen Ort: JHWH sieht,
wie man heutzutage sagt: Auf dem Berg JHWHs, wo er sieht / sich sehen lässt.
15 Der Bote JHWHs rief Abraham zum zweiten Mal vom Himmel her zu
16 und sagte:
Bei mir habe ich geschworen – Spruch des JHWH:
Weil du dies getan hast und deinen einzigen Sohn nicht vorenthalten hast,
17 werde ich dir Segen schenken in Fülle
und deine Nachkommen zahlreich machen wie die Sterne am Himmel
und den Sand am Meeresstrand.
Deine Nachkommen sollen das Tor ihrer Feinde einnehmen.
18 Durch deine Nachkommen sollen für sich Segen erlangen alle Völker der Erde, weil du auf meine Stimme gehört hast.
19 Abraham kehrte zu seinen Jungknechten zurück.
Sie machten sich auf und gingen miteinander nach Beerscheba.
Abraham blieb in Beerscheba wohnen.

Impulse zur Texterschließung

Behüte mich, Gott, denn ich vertraue auf dich.

Für viele ist diese zweite Lesung der Osternacht, die vom Sohnesopfer Abrahams erzählt, „einfach zum Davonlaufen"! Sie wird häufig gar nicht vorgetragen. Der Text erregt zu großen Anstoß, ja, er gilt als schlichtweg unzumutbar. Ein Gott, der von einem Vater verlangt, seinen Sohn zu opfern! Ist das nicht eine – zum Glück – längst überholte Gottesvorstellung? Kann ich an einen Gott glauben, der solches verlangt? Wird Gott hier nicht zur Karikatur?

Kein Zweifel: Die Vorstellung, wir Menschen müssten Gott etwas geben, um ihn auf unsere Seite zu ziehen, passt nicht zur Botschaft der Bibel. Diese Grundeinsicht ist im Neuen Testament klar ausgesprochen (vgl. 2 Kor 5,19). Aber sie gilt ebenso für das Alte Testament, in dem schon auf der ersten Seite, im so genannten Schöpfungsbericht, von der *zuvorkommenden Güte Gottes* berichtet wird. Vor diesem Hintergrund wird aber eine Geschichte wie Genesis 22 erst recht unverständlich!?

Es fällt leicht, diese biblische (manche sagen: „typisch *alt*testamentliche") Erzählung im Namen der Humanität oder eines aufgeklärten Gottesbilds weg zu schieben oder umzudeuten. Manchen genügt die „beruhigende" Auskunft, Genesis 22 erzähle von der Abschaffung des Menschenopfers in Israel. Oder es gibt die Deutung, dass Abraham sich nur eingebildet habe, er müsse seinen Sohn opfern – bis er durch Gott selbst eines Besseren belehrt worden sei.

Diese abschwächenden Auslegungen werden jedoch dem Text nicht gerecht. Die biblische Erzählung ist ungleich härter und eindeutiger: Es ist der Gott Israels selbst, der Abraham den Befehl gibt, und der Text lässt keine prinzipielle Auseinandersetzung mit dem Thema des Menschen- oder Kinderopfers erkennen. Abrahams Bereitschaft, seinen Sohn zu opfern, wird sogar ausdrücklich gut geheißen: „Denn jetzt weiß ich, dass du Gott fürchtest und deinen einzigen Sohn mir nicht vorenthalten hast" (V 12).

Viele beunruhigt der Text nicht zuletzt deshalb, weil sie ihn als versteckte Anweisung für ihr eigenes Handeln lesen – so als müssten sie das Liebste opfern, um Gott zu gefallen. Dieses „moralische Missverständnis" – so möchte ich es einmal nennen – ist leider im Umgang mit biblischen Texten weit verbreitet. Wie so viele Texte der Heiligen Schrift will auch diese Erzählung uns nichts vorschreiben, sondern Erfahrungen Israels mit seinem Gott erzählend deuten – diese Erfahrungen haben es aber wahrlich in sich!

Genesis 22 erzählt unübersehbar von einem Opfer. Der Text schildert bis in die Einzelheiten die Vorbereitung eines speziellen Opfers. Alles wird bereitgehalten: das Holz, das Feuer, das Messer, der Altar. Die Fachbezeichnung für dieses Opfer lautet „Brandopfer" oder „Ganzopfer", weil die geopferte Materie ganz Gott gehört. Dies kommt in der vollständigen Verbrennung des Opfertieres zum Ausdruck.

Im dritten Buch des Alten Testaments, dem Buch Levitikus, finden wir eine Vielzahl detaillierter Vorschriften für diese Opferart. Es gibt aber eine wichtige Differenz: Levitikus enthält göttliche Anweisungen, so genannte „Rituale", für das Brandopfer des Volkes Israel. Dagegen bringt lange vorher, eben wie es das Buch Genesis erzählt, Abraham erstmalig ein solches Opfer dar. Wir sind gewohnt, die Bibel immer nur in kleinen Ausschnitten wahrzunehmen, so dass diese großen Zusammenhänge nicht aufscheinen. Wer aber Genesis 22 liest und dann im Verlauf der Lektüre zu Levitikus kommt, hat den Eindruck, hier werde Israel nur noch einmal ausdrücklich mitgeteilt, was Abraham bereits erfahren und getan hat.

Diese Erkenntnis ist eine „heiße Spur" für ein angemessenes Verständnis der schwierigen Erzählung. Und diese Spur lässt sich noch ausgestalten.

Nach unserem Empfinden ist die Art, in der Genesis 22 erzählt, sehr merkwürdig. Da erhält ein Vater einen ungeheuerlichen Befehl. Trotzdem teilt uns der Text nichts über seine Gefühle mit – ganz zu schweigen von einem Protest, den wir erwarten würden. Stattdessen sind andere Dinge wichtig. Auf sie gilt es – trotz unserer inneren Widerstände und der berechtigten Fragen – sorgsam zu achten.

Wiederholt wird im Text der *Ort* des Opfers hervorgehoben. Diesen hat Gott eigens erwählt. Das Opfer findet also nicht irgendwo statt, sondern Gott legt den Ort fest. Und Abraham erkennt ihn, wie der Text etwas umständlich und fast feierlich sagt: „Abraham erhob seine Augen, und er sah den Ort von ferne." Diese Wendung aus Vers 4 wird auf dem Höhepunkt des Geschehens wiederholt. Jetzt „erhebt Abraham seine Augen und sieht den *Widder*, das Tier zum Brandopfer" (V 13). Der Ort des Opfers und das Tier zum Opfer werden von Gott bestimmt, ja, das Tier kommt durch ein göttliches Wunder ins Spiel.

Der Ort des Opfers trägt einen *Namen*, der verschlüsselt auf Jerusalem und auf den von König Salomo gebauten Tempel hinweist. Der Name „Morija" aus Gen 22,2 findet sich nur noch einmal in der Bibel, und zwar in 2 Chr 3,1. Er bezeichnet den Ort, an dem der Tempel steht. Gen 22 deutet also bereits lange vor der Erbauung auf den Tempel hin, auf den Ort, an dem Gott seinem Volk nahe sein will (vgl. Gen 22,14). Also bereits am Anfang der großen Erzählung von der Geschichte Israels taucht dieses Thema schon auf. Eigentlich kann man noch gar nicht von *Israel* sprechen, denn es gibt noch kein *Volk* Gottes. Gott hat erst ein einzelnes Menschenpaar erwählt, aus dem er später ein großes Volk macht (vgl. Gen 12).

Wer in der Deutung des Textes so weit gekommen ist, beginnt nun etwas von der Schwindel erregenden theologischen Tiefe dieser Geschichte zu ahnen. Auf dem Höhepunkt der Erzählung erscheint der Widder, der „anstelle des Sohnes" geopfert wird. Dies ist nicht nur eine glückliche Lösung oder gar ein „Ersatz" für das Kind aus humanitären Gründen. So gelesen wird die Geschichte nicht in ihrer subtilen Hintergründigkeit wahrgenommen.

Die Erzählung will schon ganz am Anfang der Geschichte Israels über die *Stiftung des Gottesdienstes* berichten und damit die besondere Beziehung zwischen Gott und Israel aufzeigen. Diese Gottesbeziehung umfasst einfach alles – die tödliche Gefährdung und die glanzvolle Zukunft. Israel verdankt sein Dasein völlig seinem Gott. Diese „Restlosigkeit" in der Beziehung wird im Zeichen des Opfers anschaulich: Immer wenn Israel später einen Widder opfert (dies soll nach dem Buch Levitikus zweimal an jedem Tag geschehen, ein „immer währendes Opfer"), opfert es nicht nur ein mehr oder weniger wertvolles Tier. Gen 22 stellt klar, dass es Isaak ist, der immer wieder geopfert wird. Isaak aber ist nicht nur ein einzelner Mensch, sondern er ist der Stammvater des Gottesvolkes. Er ist derjenige, durch den Gott sein Versprechen Wirklichkeit werden lässt, Sara und Abraham zu einem großen Volk zu machen. Isaak steht für das Gottesvolk selbst.

Die so unmenschlich erscheinende biblische Erzählung von Abraham, der seinen Sohn opfern soll, spiegelt also nicht eine äußerst primitive religiöse Stufe wider, die wir – Gott sei Dank! – überwunden haben. Sie führt uns vielmehr in das Geheimnis des Opfers ein, wie Israel es verstanden hat. Die Christen sind dem alttestamentlichen Opferverständnis selten gerecht geworden. Sie haben Israels Opfergottesdienst häufig verhöhnt und als haltlosen Versuch des Menschen, Gott zu manipulieren und auf seine Seite zu ziehen, abgetan. Eine Erzählung wie Gen 22 will und kann diese Sicht grundlegend verändern. *Gott* schenkt Israel *von sich aus* die Möglichkeit, ihm zu begegnen, indem er selbst für das Opfer Sorge trägt. Israel opfert nicht irgendetwas im Gottesdienst, sondern es opfert sich selbst. Von „Opfer" im herkömmlich verstandenen Sinn kann dann keine Rede mehr sein.

Hier ist von Gott eine gedanklich kaum noch nachzuvollziehende Beziehung gestiftet, in der Gott alles schenkt – und in der Israel deshalb alles zurückgeben kann (wie Abraham den Isaak) und doch auf wunderbare Weise alles neu erhält. Deshalb steht am Ende von Gen 22 der große Segen (Verse 15–18). Wie schwer fällt es, dies zu verstehen!

Nach einer alten jüdischen Auslegung, „wurde Abraham mit zehn Prüfungen geprüft. Abraham bestand sie alle. Dadurch sollte gezeigt werden, wie groß die Gottesliebe unseres Stammvaters Abraham war" (Sprüche der Väter, V 4). Das ganze Leben Abrahams unter dem Anruf Gottes – vom Auszug aus seiner Heimat (Gen 12) bis zu seinem letzten „Aufbruch" zu dem von Gott gewiesenen Ort des Opfers – wird als Prüfung gedeutet. Die „Bindung Isaaks", so heißt im Judentum die Erzählung Gen 22, ist der Höhepunkt der Prüfungen Abrahams. Die jüdische Auslegung stellt diese irritierende Erzählung vom Befehl, den Sohn zu opfern, in den Zusammenhang der übrigen Abrahamgeschichten. Der Text verliert dadurch nichts von seiner Ungeheuerlichkeit – ganz im Gegenteil. Jetzt wird erst klar, dass es nicht um die Frage geht, ob ein Vater Gott sein Kind opfern darf, oder um die Frage, ob Menschenopfer von Gott gewollt sind.

Die Geschichte im Buch Genesis redet nicht allgemein über Gott und Mensch, sie spricht sehr konkret von Abraham und – nicht zu vergessen – von seiner Frau Sara, die beide eine lange Geschichte mit Gott haben. Diese Geschichte ist eine Geschichte der „Prüfungen", auch wenn dieses Wort nur ein einziges Mal fällt – und zwar am Anfang von Gen 22. Die Anstößigkeit der Erzählung wird dadurch noch größer, aber sie ist jetzt auch genau benennbar. Gott selbst scheint sich zu widersprechen: Wie soll die göttliche Verheißung – Sara und Abraham zu einem großen Volk zu machen – Wirklichkeit werden, wenn der nach langen Irrwegen gegen alle biologische Wahrscheinlichkeit geborene Sohn Isaak geopfert wird?

An diesem Sohn Isaak hängt die Zukunft Abrahams – und die Glaubwürdigkeit Gottes. Die Geschichte führt den Glauben Abrahams in die Erfahrung der Fremdheit Gottes hinein – und sie macht damit die Frage nach der Treue Gottes zum Thema. Dies ist die *eine* Seite der Erfahrungen Israels.

Die Geschichte hält aber noch eine *zweite* Seite fest: Wie ein roter Faden zieht sich durch die Erzählung von Abraham und Isaak die Botschaft vom *Sehen Gottes* hindurch. Am Dornbusch stellt sich Gott dem Mose später als der vor, der die Not seines Volkes *sieht* (vgl. Ex 3). Abraham vertraut auf diesen Gott, der sieht. Er geht, dem Befehl folgend, aber er bekennt sich auch zu diesem sehenden Gott. In Gen 22,8 heißt es wörtlich: „Gott wird sich (er-)*sehen* das Schaf zum Brandopfer, mein Sohn." Dieses „Glaubensbekenntnis" Abrahams nimmt die Geschichte am Schluss auf, wenn Abraham dem Ort seiner Gotteserfahrung einen Namen gibt: „Abraham nannte jenen Ort ‚der Herr sieht', wie man heutzutage sagt: Auf dem Berg des Herrn, wo er sieht, sich sehen lässt."

So fängt diese sperrige Geschichte die unterschiedlichen Facetten der Erfahrung Israels mit seinem Gott ein. Solche Texte werden falsch gehört, wenn sie als erfahrungsunabhängige, immer gültige Aussagen über Gott und sein Wesen verstanden werden. Die biblischen Texte reden über Gott nicht aus der Beobachterperspektive – also gewissermaßen von außen und neutral –, sondern von innen, d.h. aus der Teilnehmerperspektive einer lebenslangen Erfahrung mit ihm. Der Verlust dieser „Teilnehmerperspektive" – man könnte auch sagen: die *Entdramatisierung* unserer Gottesbeziehung – ist daher das größte Hindernis für die angemessene Wahrnehmung dieser biblischen Geschichten. Aber: Alles biblische Reden von Gott geschieht im Horizont einer lebendigen Beziehung, die alle Seiten des Lebens umfasst.

Wohin können uns solche Geschichten führen? Sie wollen nicht als versteckte Aufforderung zur Nachahmung verstanden werden. Gott braucht nichts von uns, um daran seine Größe zu erfahren und um sich dann huldvoll zu uns herabzulassen. Diese düstere Auslegung von „Opfer" ist theologisch indiskutabel. Die Geschichte der Genesis will nicht „nachgespielt" werden – aus welchen Motiven auch immer. Aber diese große Erzählung kann helfen, die eigenen Erfahrungen im Nachhinein zu entschlüsseln und auf Gott hin zu öffnen: So fremd kann Gott werden, dass alles, was bisher galt, wie „durchgestrichen" erscheint. Abraham erlebt und durchleidet bereits „eine Golgotasituation" (Gerhard von Rad).

Abraham und seine Frau Sara müssen immer wieder lernen – so wird uns erzählt –, dass Gott sich nicht ihren Vorgaben anpasst. Ihr ganzes Leben steht unter der unglaublichen Verheißung, trotz eigener Unfruchtbarkeit und trotz des hohen Alters zu einem großen Volk zu werden. Abraham und Sara ersinnen immer neue Wege, wie das göttliche Versprechen endlich Wirklichkeit werden könnte. Immer wieder werden diese Wege durchkreuzt, ohne dass Gott etwas von seiner Verheißung zurücknimmt. Als sich schließlich mit der Geburt Isaaks die Realisierung aller Hoffnungen anbahnt, setzt Gott selbst plötzlich wieder alles aufs Spiel.

Biblische Geschichten wie Genesis 22 wollen uns über eine bestimmte Stufe des Religionsverständnisses hinausführen – über die Frage nämlich: Was habe ich davon, an Gott zu glauben? Sie betreiben auf ihre Art Religionskritik, indem sie eine Kosten-Nutzen-Rechnung im Gottesverhältnis *ad absurdum* führen. Vor Gott gilt anderes. Es geht darum, das Drama der Beziehung Gottes zu seinem Volk so zu erfassen, dass alle Erfahrungen dieses Volkes – wirklich *alle*! – in ihr Platz finden. Geschichten wie die Erzählung Genesis 22 wollen gleichsam unsere Erfahrungen mit der Fremdheit Gottes „einsammeln" und in die Gottesbeziehung „eintragen". Sie sind so hart und so anstößig – sie müssen so sein –, weil das Leben selbst so ist.

Aber eines sollte nicht übersehen werden: Am Ende steht der Segen. Der Gott, der Abraham, dessen Frau und ihren Sohn diese Wege führt, ist der Gott, der sich ein Volk – die Kinder Abrahams – erschaffen will.

Dieses Thema ist die Brücke zur dritten Lesung (Ex 14), in der es um die Erschaffung dieses Volkes im Angesicht der Feinde und inmitten der Todeswasser geht.

Predigt

Haben Sie schon einmal über Gott gelacht? Vielleicht finden Sie diese Frage unverschämt und verwegen. Über Gott lachen – Gott auslachen? Das klingt wie Gotteslästerung!

Es gibt allerdings noch ein anderes Lachen. Ein ungläubiges Lachen. Ein Lachen, das sagt: Nein, so kann Gott doch nicht sein.

Die Geschichte von der Opferung Isaaks begreifen wir nur, wenn wir uns daran erinnern, dass vor dieser Geschichte ein solches Lachen über Gott stand.

Eine große Verheißung

Erinnern Sie sich? Da erscheint der Herr dem Abraham bei den Eichen von Mamre. Mitten in der Hitze des Mittags stehen drei Männer am Zelteingang. In ihnen, so erzählt die Heilige Schrift, begegnet Gott dem Abraham. Abraham bewirtet die Männer mit orientalischer Gastfreundschaft. Und dann kommt es zur schier unmöglichen Gottesvorhersage:

> Da sprach der Herr: In einem Jahr komme ich wieder zu dir, dann wird deine Frau Sara einen Sohn haben. Sara hörte am Zelteingang hinter seinem Rücken zu. Abraham und Sara waren schon alt; sie waren in die Jahre gekommen. Sara erging es längst nicht mehr, wie es Frauen zu ergehen pflegt. Sara lachte daher still in sich hinein und dachte: Ich bin doch schon alt und verbraucht und soll noch das Glück der Liebe erfahren? Auch ist mein Herr doch schon ein alter Mann! Da sprach der Herr zu Abraham: Warum lacht Sara und sagt: Soll ich wirklich noch Kinder bekommen, obwohl ich so alt bin? Ist beim Herrn etwas unmöglich? Nächstes Jahr um diese Zeit werde ich wieder zu dir kommen; dann wird Sara einen Sohn haben.
> (Gen 18,10–14)

Ist das nicht zum Lachen? Eine alte Frau und ein alter Mann sollen noch ein Kind bekommen?

> Sara war unfruchtbar, sie hatte keine Kinder.
> (Gen 11,30)

So umschreibt die Bibel die natürliche Unmöglichkeit, vor der Gott angesichts seiner Bundesverheißung steht. Wir haben uns irgendwie an die Geschichten der Bibel gewöhnt und überhören oftmals die darin liegenden Zumutungen. Aber immer wieder ist im Alten wie im Neuen Bund davon die Rede, dass Gott in das Geschick der Menschen eingreift. Dann steht da oft: Beim Herrn ist nichts unmöglich. Gott hat alle Chancen, heißt das. Wo unsere Mittel zu Ende sind, beginnen seine Möglichkeiten. Wo wir mit unserer innerweltlichen Logik um die Grenzen wissen, hat Gott noch andere Wege, um die Wirklichkeit ganz neu zu entwerfen.

Abraham und Sara machen diese Erfahrung. Sie erleben am eigenen Leib: Gott bricht in ihre Welt ein und sorgt auf ungeahnte Weise dafür, dass seine Verheißung

Wirklichkeit wird. Abraham soll der Stammvater des Volkes Gottes werden. Und Gott selbst ist derjenige, der dafür die Bedingungen schafft. Alle natürlichen Hindernisse können Gottes Plan nicht aufhalten. Was Gott will, wird Wirklichkeit. Dafür sorgt er selbst. Kein anderer.

Gottes Handeln so zu erfahren, ist eine Herausforderung. Und wahrlich: Der Sara vergeht das Lachen, schon nach wenigen Sekunden.

> Sara leugnete: Ich habe nicht gelacht. Sie hatte nämlich Angst. Er aber sagte: Doch, du hast gelacht. Die Männer erhoben sich von ihrem Platz und schauten gegen Sodom. Abraham wollte mitgehen, um sie zu verabschieden. Da sagte sich der Herr: Soll ich Abraham verheimlichen, was ich vorhabe? Abraham soll doch zu einem großen, mächtigen Volk werden, durch ihn sollen alle Völker der Erde Segen erlangen. (Gen 18,15)

Gottes Offenbarungen lösen nicht immer Freudentaumel aus. Sie bringen durcheinander. Dort, wo Gott auf den Leib rückt (hier im wahrsten Sinne des Wortes), bricht Angst aus. Wo man zuvor gelacht hat – weil man der zugesprochenen Verheißung nicht glauben konnte – vergeht einem das Lachen in dem Moment, in dem die Verheißung zur unumstößlichen Wirklichkeit wird. Denn wenn Gott sich einmischt, ändert sich das Leben – und mit dem Leben alle Vorstellungen, die man sich bislang davon gemacht hat.

Von der Verheißung zur Prüfung

Die jüdische Tradition erzählt davon, dass Abraham insgesamt zehn Prüfungen bestanden hat.[18] Die ersten neun Prüfungen waren: die Erprobung des Glaubens im Feuerofen, das Verlassen der Heimat, die Hungersnot, die Gefährdung Saras, der Kampf gegen die Könige, die Vorausschau der Unterdrückung der Nachkommen, die Trennung von Hagar, die Beschneidung und dann die Gefährdung Ismaels, des ersten Sohnes.

In diesen Prüfungen geht es immer um den Glauben: Abraham erhält die Verheißung, dass Gott sich um ihn kümmert und seine Nachkommen so zahlreich werden lässt wie die Sterne am Himmel. Und immer wieder lässt sich Abraham auf diese Verheißungen Gottes ein. Und er tut dies, auch wenn er zwischendurch lacht und mit der Unvorstellbarkeit der Verheißung nichts anzufangen weiß. Nach diesen Ereignissen prüfte Gott Abraham das zehnte Mal:

> Er sagte zu ihm: Abraham! Er antwortete: Hier bin ich. Gott sagte: Nimm doch deinen Sohn, deinen einzigen, den du liebst, Isaak, geh in das Land Morija, und bring ihn dort auf einem der Berge, den ich dir nenne, als Brandopfer dar. (Gen 22,1–2)

Diese wenigen Sätze sind eine Provokation, ein Ärgernis, ein Skandal, eine Zumutung. So eine Geschichte passt (zunächst) nicht in unser Gottesbild. Und allzumal wenn diese Geschichte noch in der Osternacht gelesen werden soll, bewirkt sie bei nicht wenigen Empörung und Unverständnis.

Es ist wichtig, dass wir angesichts solcher Lesungstexte unsere Gefühle wahrnehmen und aussprechen lernen. Vielleicht sind es gerade diese Gefühle, die uns einen Weg in die Mitte der Geschichte bahnen.

Diese Geschichte führt viele zuerst in die Ohnmacht und Verständnislosigkeit. Und ich gebe diesen Gefühlen Raum, indem ich Fragen stelle: Warum hat die jüdische und christliche Tradition eine solche Geschichte von Gott überliefert und sie – in der langen Geschichte einer Überlieferungskette – nicht einfach vergessen? Wie soll ein Gott verstehbar sein, der seine ursprüngliche Verheißung wieder negiert? Wie lässt sich von Gott überhaupt noch reden, wenn er „heute" die Zukunft seines Volkes durch ein Versprechen begründet und „morgen" dieses Versprechen ad absurdum führt?

Isaak ist nicht irgendwer. Isaak ist der von Gott geschenkte Sohn, an den Gottes Versprechen gebunden ist, die Nachkommen Abrahams so zahlreich wie die Sterne am Himmel zu machen. Weil der alte Abraham und die alte Sara in der Geburt ihres Sohnes voll Freude diese Verheißung Gottes bewahrheitet sehen, nennen sie ihn ja „Isaak", das heißt: „In ihm lächelt der Lebendige uns zu".

Wie soll man an diesen Gott glauben, der in sich selbst zum Widerspruch gerät? Wer soll dem Gott Vertrauen schenken, der verlangt, das zu vernichten, was als das freudige Zulächeln Gottes verstanden wurde?

Wahrlich: Bei einem solchen Gottesbild gibt es nichts mehr zu lachen. Und doch: Was die Heilige Schrift von der Opferung Isaaks erzählt, ist keine Geschichte über spitzfindige theologische Spekulationen. Der Text wäre längst vergessen, hätte er nur das Ziel, zu verunsichern und in die Irre zu treiben. In der Geschichte steckt eine Wahrheit, die oft näher ist, als wir wahrhaben wollen.

Der fremde Gott

Es gehört zu unserer Gottesbeziehung, dass wir Gott immer auch als den nicht Verstehbaren erfahren. Wir können Gott nicht „auf einen Nenner bringen", und was wir über Gott denken müssen, scheint oft widersprüchlich zu sein.

Wir sagen in unserem Glauben: Gott ist allmächtig, er hat alles geschaffen und die ganze Schöpfung mit ihrer inneren Ordnung ist sein Werk. Und gleichzeitig ist Gott der, der in wehrloser Ohnmacht den Chaosmächten dieser Erde hilflos gegenüberzustehen scheint, der dort nicht eingreift, wo menschlich verursachte oder schicksalhafte Katastrophen unendliches Leid bewirken.

Oder wir sagen von Gott, dass er uns Menschen aus Liebe erschaffen hat. Wir vertrauen darauf, dass er uns durch das Erlösungswerk in Jesus neu als seine Kinder angenommen hat. Der Himmel lässt sich nicht verdienen. Gott kommt uns vielmehr mit seiner Gnade zuvor und gewährt uns Zugang zu seinem Reich – ohne dass wir uns zuvor diesen Zugang durch eigene Werke erarbeiten müssten. Und gleichzeitig ist Gott auch der, der unserem schuldhaften Versagen nicht gleichgültig gegenübersteht. Der Glaube braucht Werke, sagt der Apostel. Und es gehört zur christlichen Überzeugung, dass meine Schuld und mein Versagen die Begegnung vor Gott am Ende der Tage eintrüben kann, dass ich der Läuterung bedarf, bevor ich sein Antlitz ganz schauen kann.

Oder: Gott hat uns Menschen in dieser Welt eine unendlich große Freiheit geschenkt. Wir können das Leben nach unserem Willen gestalten, wir können entscheiden, wie wir unsere Zukunft gestalten wollen. Und gleichzeitig sagen wir über Gott, dass er alle unsere Wege kennt, dass er Herr über alle Zeiten ist und dass ihm die Zukunft schon hier und heute vor Augen steht.

Gott bleibt ein Geheimnis, und wir – in unserer endlichen Welt mit unserer endlichen Vernunft – werden Gott nie ganz verstehen.

Wir haben in den vergangenen Jahrzehnten (aus verständlichen Gründen) in der Verkündigung fast immer von dem guten und liebevollen Gott gesprochen. Aber die Lesung heute ruft uns in Erinnerung, dass Gott sich uns auch widersprüchlich und fremd in den Weg stellen kann. An nicht wenigen Stellen der Geschichte mit seinem Volk erweist sich Gott als der, der den Menschen den Rücken zukehrt, der sein Gesicht verbirgt, der dem Menschen Feind sein kann, der Zorn kennt und Vernichtung – dass ihm begegnen nicht nur Freude bedeuten muss, sondern auch in Furcht und Zittern geschieht.

Ich habe vor einigen Jahren einen in der evangelischen Kirche bekannten Theologen und Pastor kennen gelernt. Mit jungen Jahren, während des Theologiestudiums, erkrankte er an Kinderlähmung. Seither ist er an den Rollstuhl gefesselt und stets auf die Hilfe anderer angewiesen. Immer wieder hat er aus der Bibel heraus sein Schicksal mit Gott in Verbindung zu bringen versucht. Auf eine eindrückliche Weise hat er erzählt, wie wichtig ihm die Geschichten der Heiligen Schrift sind, die von einem Gott reden, der im Leben der Menschen auch „verrückt spielt“.

Zu uns Menschen gehören solche Stunden, in denen uns die Erfahrung der Abwesenheit Gottes zugemutet wird. Dann wird Gott fremd und all das, was wir von ihm denken oder fühlen, scheint in Widersprüchen zum Himmel zu schreien. Es gibt die Nacht des Zweifels und selbst jene, die ein Leben lang in einer vertrauten und ungetrübten Beziehung zu Gott leben, können in eine tiefe Ferne zu Gott geraten. Es gibt Zeiten, in denen die Versuchung unendlich groß ist, an Gott selbst zu verzweifeln. Die hl. Theresia von Lisieux bekannte drei Monate vor ihrem Tod: „Es sind die Überlegungen der schlimmsten Materialisten, die sich meinem Geiste aufdrängen!“

An die Menschen denken, die „nichts zu lachen haben“

Hier liegt für mich eine erste wichtige Antwort in dieser Geschichte von der „Bindung Isaaks“, wie die Juden diese Bibelstelle auch nennen: Sie erzählt von einer abgrundtiefen Widersprüchlichkeit in der Erfahrung mit Gott. Sie erzählt von Abraham, der hinnehmen muss, dass bei Gott alle ermutigenden Verheißungen für eine gelungene Zukunft sich auch in das Gegenteil verkehren können – zumindest aus der Sicht unserer menschlichen Wahrnehmung und Erfahrung.

Warum aber lesen wir diese zunächst so dunkel erscheinende Geschichte in der Osternacht?

Ich meine, wir lesen sie, um zuallererst auch die mit in diese Nacht hineinzuholen, die in ihrem Leben nichts zu lachen haben. Natürlich, wir rufen in dieser Nacht den Glauben in Erinnerung, dass Gott uns durch die Auferstehung Jesu auch angesichts des Todes das Lachen und die Freude über das Leben zurückgegeben hat.

Aber alle Osterfreude kann nicht darüber hinwegtäuschen, dass Gott – auch für uns österliche Menschen – der Geheimnisvolle bleibt. Auch nach Ostern sind wir in einer Welt unterwegs, die auf ihre endgültige Vollendung wartet. Und solange, wie wir in dieser gebrochenen Welt unterwegs sind, gehört zur heiteren Musik des Glaubens immer auch eine dunkle Stimme des Zweifelns.

Diese trübt nicht die Freude des Osterfestes. Eher umgekehrt: „Die Wahrheit macht frei!" Wir dürfen uns eingestehen, dass wir in dieser Welt Gott auch hier und da als den erfahren, der „verrückt spielt". So bekommen wir ein offenes Herz für den Gott, der uns trotz aller Widersprüchlichkeit die Hoffnung auf ewiges Leben ins Herz legt.

Ich nenne aber noch einen zweiten Grund, warum wir diese Geschichte der Opferung Isaaks in der Osternacht lesen. Sie ist eine Auferstehungslesung, weil sie nicht in der Verzweiflung, sondern in der nochmaligen und unüberhörbaren Zusicherung der Verheißung an Abraham endet.

> Der Engel des Herrn rief Abraham zum zweiten Mal vom Himmel her zu und sprach: Ich habe bei mir geschworen – Spruch des Herrn: Weil du das getan hast und deinen einzigen Sohn mir nicht vorenthalten hast, will ich dir Segen schenken in Fülle und deine Nachkommen zahlreich machen wie die Sterne am Himmel und den Sand am Meeresstrand. Deine Nachkommen sollen das Tor ihrer Feinde einnehmen. Segnen sollen sich mit deinen Nachkommen alle Völker der Erde, weil du auf meine Stimme gehört hast.
> (Gen 22,17–18)

Warum diese Verheißung so deutlich ausgesprochen wird, erfahren wir bei einem erneuten Blick in den Text: Es ist auffällig, dass Abraham mit Gott nicht großartig in Kommunikation tritt. Wir erfahren auf dem Weg zum Ort, den Gott ihm zeigen wird, weder seine Gedanken noch Gefühle. Ganz wenige, schlichte Worte erzählen, wie Gott Abraham auffordert: „Nimm deinen Sohn!", „Geh in das Land!", „Opfere auf einem Berg, den ich dir sagen werde!" Und Abraham geht.

Der Berg der Verheißung

Der Ort, an den er geführt wird, hat einen Namen: Morija. Morija lässt sich übersetzen mit: „Gott sieht". „Geh in das Land des Gesehenwerdens!" Erst sehr viel später in der Heiligen Schrift entschlüsselt das 2. Buch der Chronik in 3,1, dass es sich hier nicht um irgendeinen numinosen Berg handelt. Morija ist der Ort, an dem Salomo den Jerusalemer Tempel bauen wird. Er ist der Ort der „Herrlichkeit Gottes". „Herr, ich liebe den Ort, wo dein Tempel steht, die Stätte, wo deine Herrlichkeit wohnt" (Ps 26,8), betet der Psalmist.

Abraham, so weiß die Heilige Schrift, befindet sich mit Isaak dort, wo später der Tempel steht. Und was im Tempel getan wird, tut Abraham hier und jetzt. Opfer im jüdischen Sinn ist nicht Befriedigung Gottes, Ruhigstellung des Allmächtigen. Opfer im Sinne des mitgehenden und sehenden Gottes ist das Herz, das sich ganz in seinen Dienst stellt:

> Schlachtopfer willst du nicht, ich würde sie dir geben;
> an Brandopfern hast du kein Gefallen.
> Das Opfer, das Gott gefällt, ist ein zerknirschter Geist,
> ein zerbrochenes und zerschlagenes Herz wirst du, Gott, nicht verschmähen.
> (Ps 51,18–19)

Die Opferung Isaaks ist dann ein großes geistliches Bild. Es will etwas über die wahre Einstellung des Volkes Gottes in der Beziehung zu seinem Gott offen legen. Isaak ist nicht irgendein Mensch. An ihm hängt die ganze Verheißung des Volkes. Er steht für das Gottesvolk selbst.

Daraus lässt sich für das Volk ableiten: Die wahre Beziehung des Gottesvolkes zu dem Gott, der sieht – also wahres Opfern, wahres Beten – verfolgt keinen Zweck mehr. Wahres Gebet ist das Sich-ganz-frei-Machen von Forderungen und Absichten gegenüber Gott. Wahres Gebet stellt sich mit einem leer gewordenen Herz vor den, der alles mit Leben füllt. Es geht hier um eine innere gläubige Einstellung in der Beziehung zwischen Gott und Mensch: Der Mensch, der von Gott alles geschenkt bekommt, der sich ganz und gar mit allem ihm verdankt, gibt voll Vertrauen alles in Liebe zurück.

Wenn Gott Abraham auf den Berg Morija schickt, dann kann er nicht in das offene Messer laufen, sondern nur – so unverständlich das auch bleiben mag – in seine Verheißung. Das, was wie der Untergang aussieht, ist das Hinzutreten an den Ort, an dem die Herrlichkeit des Ewigen Abraham neu ins Herz gelegt wird – weil er dort zuvor alles für seinen Gott frei gemacht hat.

In der Hingabe beschenkt werden

Die Opferung Isaaks: ein zum Widerspruch reizendes Bild und eine auf den ersten Blick unmenschlich erscheinende Geschichte? Es ist keine Geschichte über das, *was* wir Gott opfern sollen, sondern *wie* wir in der Hingabe von Gott beschenkt werden. Es ist eine Geschichte über unseren Gottesdienst. Sie will sagen: Nicht Isaak oder irgendetwas anderes Äußerliches soll geopfert werden, sondern wir selbst stehen mit allem, was zu uns gehört, vor Gott und brauchen vor ihm nichts fest- oder zurückhalten. Dort, wo wir uns ihm einfach hinhalten, werden wir in seine Herrlichkeit, in seinen Segen, in seine Verheißung hineingezogen.

Die „Auferstehungsgeschichte“ mit Abraham und Isaak führt uns wie von selbst zu dem, der ebenfalls ganz in den Raum der Kommunikationslosigkeit und „Gottlosigkeit“ eingetreten ist. Sein Kreuz wurde ebenfalls auf einen Berg mühsam hochgetragen und errichtet. Und auch hier gibt einer alles, was er an Verheißung empfindet, zurück an Gott, der zu schweigen scheint. Aber indem er so tut, tritt er in die Herrlichkeit Gottes ein und öffnet damit die Verheißung auf ewiges Leben so weit, dass wir heute hinzutreten können und dürfen.

Das alles lässt sich mit Erfahrung nicht mehr einholen. Das alles ist uns ein Stück weit fremd, weil Gott der immer unbegreiflich Andere bleibt. Aber Glaube ist mehr als Erfahrung. Glaube heißt, sich mit ganzer Hingabe dem anzuvertrauen, der hinter allem Leben steht und der der Grund aller Verheißung bleibt.

Die Geschichte von der zehnten Prüfung Abrahams ist eine Ostergeschichte. An ihrem Anfang stand das ungläubige Lachen der Sara. Am Ende steht die überreiche Verheißung Gottes. Nachdem Abraham alles aufgegeben hat, merkt er, dass er alles besitzt: die Zusicherung Gottes, dass seine Nachkommen so zahlreich wie die Sterne am Himmel und der Sand am Ufer des Strandes sein werden.

Karl Rahner, nicht nur ein berühmter Theologe unseres Jahrhunderts, sondern auch ein großer Meister des geistlichen Gebetes, schreibt einmal über das Gebet:

> Wenn wir Menschen von heute es einmal versuchen würden, uns zu nehmen, wie wir sind, wenn wir gleichsam hinabstiegen in die Tiefe des Herzens, wenn wir es aufgäben, uns zu täuschen über uns selbst, wenn wir den Mut hätten, innerlich zu verzichten auf das, was uns das Leben ja doch nimmt – alles nämlich –, wenn wir dann plötzlich, nachdem wir alles aufgegeben haben, merkten, dass wir alles besitzen, merkten, dass Er jetzt erst eigentlich ganz bei uns ist, der Schweigende, Unbegreifliche, der alles ist, wenn wir dann in der Einsamkeit unseres verschütteten Herzens merkten, dass dieses arme Herz die Unendlichkeit in sich trägt, wenn wir dann leise anfingen zu sprechen:
> Vater unser, der Du bist im Himmel meines Herzens, wenn es auch eine Hölle zu sein scheint; geheiligt werde Dein Name, er werde angerufen in der tödlichen Stille meines ratlosen Verstummens; zu uns komme Dein Reich, wenn alles uns verlässt; Dein Wille geschehe, auch wenn er uns tötet, weil er das Leben ist und, was auf Erden wie ein Untergang aussieht, im Himmel der Aufgang Deines Lebens ist; gib uns heute unser tägliches Brot, lass uns auch darum bitten, damit wir uns nie mit Dir verwechseln, sondern wenigstens an unserem Hunger merken, dass wir arme und unwichtige Geschöpfe sind; befreie uns von unserer Schuld und Anfechtung, die eigentlich nur eine ist: nicht zu glauben an Dich und an die Unbegreiflichkeit Deiner Liebe; sondern erlöse uns – erlöse uns von uns selbst, erlöse uns in Dich hinein, erlöse uns in Deine Freiheit und in Dein Leben -, wenn wir so ähnlich anfingen, mit viel weniger Worten und mit viel mehr Herz zu sprechen zu Gott, ich glaube doch, unser Herz hätte sich geöffnet und wir hätten ein Wort des Gebetes gesprochen.[19]

Und ich ergänze, wir hätten erfahren, dass wir selbst es sind, die von Gott auf den Berg Morija geführt wurden – dorthin, wo uns aufgeht, dass wir für das ewige Ostern bestimmt sind. Und unsere Herzen werden jubeln und unser Mund wird voll Lachen sein (vgl. Ps 126,2).

Der Weg durch strudelnde Abgründe

Vom Osterlicht einer bindenden Freiheit

Ex 14,5–15,1 (Lektionar 14,15–15,1)

14,5 Dem König von Ägypten wurde gemeldet, dass das Volk geflohen sei,
und es wandelte sich das Herz des Pharao und seiner Diener gegen das Volk
und sie sagten:
Was haben wir getan, dass wir das Volk aus unserem Dienst entlassen haben?
6 Und er spannte seinen Kriegswagen an
und nahm sein Volk mit sich.
7 Er nahm sechshundert ausgesuchte Kriegswagen und alle Kriegswagen Ägyptens
und drei Mann auf jedem.
8 JHWH verhärtete das Herz des Pharao, des Königs von Ägypten; der verfolgte die
Israeliten, die Israeliten aber zogen mit erhobener Hand aus.
9 Die Ägypter verfolgten sie und holten sie ein, als sie am Meer lagerten – alle
Pferde und Kriegswagen des Pharao und seine Wagenfahrer und Heeresmacht
– bei Pi-Hahirot im Angesicht von Baal Zefon.

10 Der Pharao näherte sich, und die Israeliten erhoben ihre Augen, und siehe,
die Ägypter zogen hinter ihnen her; sie fürchteten sich sehr, und die Israeliten
schrieen zu JHWH.
11 Zu Mose sagten sie:
Hast du uns, weil es in Ägypten keine Gräber gab,
zum Sterben in die Wüste mitgenommen?
Was hast du getan, dass du uns aus Ägypten herausgeführt hast?
12 War nicht dies das Wort, dass wir zu dir in Ägypten geredet haben:
Lass ab von uns, wir wollen den Ägyptern dienen,
denn es ist besser für uns, den Ägyptern zu dienen,
als in der Wüste zu sterben.
13 Mose sagte zum Volk:
Fürchtet euch nicht!
Stellt euch hin und seht die Rettung JHWHs,
die er heute für euch machen wird.
Denn wie ihr die Ägypter heute sehen werdet,
werdet ihr sie nicht mehr sehen bis in Ewigkeit.
14 JHWH wird für euch kämpfen,
ihr aber bleibt still!
15 JHWH sagte zu Mose:
Was schreist du zu mir?
Rede zu den Israeliten, dass sie weiterziehen sollen.

16 Und du hebe deinen Stab und strecke deine Hand über das Meer und spalte es.
Und die Israeliten sollen mitten in das Meer hineinkommen auf dem Trockenen.
17 Ich aber, siehe, ich verhärte das Herz der Ägypter, und sie werden ihnen nachkommen, und ich werde mich verherrlichen am Pharao, an seiner ganzen Heeresmacht, seinen Kriegswagen und seinen Wagenfahrern.
18 Die Ägypter sollen erkennen, dass ich JHWH bin, wenn ich mich verherrliche am Pharao, seinen Kriegswagen und seinen Wagenfahrern.

19 Der Bote Gottes, der vor dem Lager Israels herging, zog und ging hinter sie, und die Wolkensäule vor ihnen zog und stellte sich hinter sie.
20 Sie kam zwischen das Lager der Ägypter und das Lager Israels.
Und es war da die Wolke (und Finsternis),
und sie machte licht die Nacht.
Keines kam dem anderen die ganze Nacht näher.

21 Mose streckte seine Hand über das Meer aus,
und JHWH ließ das Meer durch einen starken Ostwind die ganze Nacht hindurch weggehen und machte das Meer zu trockenem Boden,
und das Meer spaltete sich.
22 Die Israeliten kamen mitten in das Meer auf dem Trockenen, und das Wasser war ihnen eine Mauer rechts und links.
23 Die Ägypter verfolgten sie und kamen hinter ihnen her, alle Pferde des Pharao, seine Kriegswagen und seine Wagenfahrer, mitten ins Meer.

24 Und es geschah zur Morgenwache, da blickte JHWH auf das Lager der Ägypter in der Säule von Feuer und Wolke und versetzte das Lager der Ägypter in Schrecken.
25 Er ließ abspringen das Rad ihrer Wagen und ließ sie nur schwer vorankommen.
Der Ägypter sagte:
Ich will vor Israel fliehen,
denn JHWH kämpft für die gegen Ägypten.
26 JHWH sagte zu Mose:
Streck deine Hand aus über das Meer,
damit das Wasser zurückkehrt über Ägypten, seine Kriegswagen und seine Wagenfahrer.
27 Mose streckte seine Hand über das Meer aus,
und das Meer kehrte gegen Morgen in sein Bett zurück,
während die Ägypter ihm entgegenflohen.
JHWH schüttelte die Ägypter mitten ins Meer.

28 Das Wasser kehrte zurück und bedeckte die Kriegswagen, die Wagenfahrer, die ganze Heeresmacht des Pharao, die den Israeliten ins Meer nachgekommen war. Nicht einer blieb von ihnen übrig.
29 Die Israeliten aber waren auf dem Trockenen mitten in das Meer hineingegangen, und das Wasser war ihnen eine Mauer rechts und links.

30 JHWH rettete an jenem Tag Israel aus der Hand der Ägypter.
Und Israel sah die Ägypter tot am Ufer des Meeres.
31 Israel sah die große Hand, die JHWH an Ägypten erwiesen hatte, und das Volk fürchtete JHWH, und sie glaubten an JHWH und an Mose, seinen Diener.
15,1 Damals sangen Mose und die Israeliten JHWH dieses Lied.
Sie sagten:

Singen will ich JHWH,
denn hoch erhob er sich.
Pferd und Kriegswagen
warf er ins Meer.

Impulse zur Texterschließung

Dem Herrn will ich singen
machtvoll hat er sich kundgetan.

Diese Lesung, der zentrale biblische Text der Ostervigil, ist für viele nicht weniger anstößig oder abstoßend als Gen 22. Sie hören ihn als Kriegsbericht aus dem alten Israel mit einem in der Geschichte üblichen Ausgang: die einen siegen, die anderen müssen „dran glauben“. Wie bei Gen 22 ist ein sorgfältiges Lesen und ein waches theologisches Gespür nötig. Es geht hier in der Tat um Tod und Leben. Aber Ex 14 ist keine platte Siegergeschichte, sondern der Text hat „Tiefgang“, er will im kriegerischen Geschehen Gott verkünden.

Ex 14 ist kein historischer Bericht (dort hätte ein gespaltenes Meer wohl ebenso wenig einen Platz wie eine Wolkensäule, aus der Gott blickt). Die andere Ebene, die hier angesprochen wird, wird am leichtesten über die Rollen der Hauptpersonen dieser Erzählung greifbar: Im Weltbild der Erzählung stehen nicht zwei feindliche Heere einander gegenüber, sondern das ganze Geschehen ist als *Götterkampf* gestaltet. Der Pharao mit seinem ganzen Heer repräsentiert die *Todesmacht.* JHWH, der Gott Israels, steht für die Rettung vor dem nach menschlichen Maßstäben sicheren Tod, also für das *Leben.*

Wird diese Lesung anders als im Lektionar abgegrenzt und nicht erst mit 14,15, sondern bereits mit 14,5 begonnen, tritt diese Ausgangssituation der tödlichen Bedrohung besonders plastisch hervor. Einige Anstöße, die sich heute beim Zuhören immer wieder einstellen, können so entfallen, die Hörerinnen und Hörer gewinnen eine andere Disposition für die Aufnahme des Folgenden. Die Lesung handelt nicht davon, wie einige Menschen (mal wieder!) davonkommen und andere untergehen. Die im Lektionar vorgeschlagene Abgrenzung übergeht leider auch die wichtigen deutenden Aussagen in Vers 13, die das Geschehen ausdrücklich als Wunder göttlicher Rettung, als Gottes endgültigen („bis in Ewigkeit"!) Sieg über den Tod beschreiben: eine unsinnige, das Verständnis des Textes behindernde Perikopierung, die dringend korrigiert werden sollte. Ich habe selbst mehrfach bei Osternachtfeiern erlebt, wie sich die Wahrnehmung dieser anstößigen Lesung vertieft, wenn die Verse 5–14 hinzugenommen werden. *Diese* Veränderung erscheint mir mehr als sinnvoll. Sie ist bibeltheologisch und pastoral zwingend geboten!

Wenn der Text kein Kriegsbericht ist, was ist er dann? Ex 14 ist eine *Rettungsgeschichte*; er kann ebenso als *Wundergeschichte* beschrieben werden. Er erzählt vom Größten aller Wunder: wie Gott in einer völlig aussichtslosen Lage die Todesmacht „Ägypten" in den Chaoswassern versinken lässt. Ex 14 ist keine Vorbereitung des Osterevangeliums, sondern ist selbst Evangelium. Im Exsultet werden die Siege Gottes über den Tod in ein einziges „Heute" („Dies ist die Nacht") überführt: So ist unser Gott! Immer wieder tritt er dem Tod entgegen! Gott kämpft für sein Volk, weil er das Leben ist!

Der große jüdische Exeget Benno Jacob (1862–1945) schreibt: „Das Wesentliche an dem Wunder ist nicht das Was und Wie. Es ist deutlich zu beobachten, wie zurückhaltend die Darstellung in unserem Kapitel ist. Sie konnte von dem Wunder nicht schlichter und maßvoller und doch gehobener reden als in den beiden Versen 21.22 geschieht ... Sondern das Wesentliche ist das Warum und Wozu, in welcher Absicht, zu welchem Zwecke und zu welcher Lehre Gott den an sich nicht unnatürlichen, wenn auch gesteigerten Vorgang gerade in dieser Stunde geschehen ließ: um den verstockten Tyrannen, bei dem keine Warnung fruchtete, zu vernichten und Unterdrückte zu retten. Es ist die sittliche Idee des Gerichtes, um derentwillen sich das Meer spaltet und wieder zusammenschlägt."[20]

Es gibt viele Versuche, das erzählte Wunder rational verstehen zu wollen – z. B. die Israeliten hätten bei Ebbe einen Weg gefunden, die Windverhältnisse hätten die Flucht begünstigt, Mose hätte sich in den seichten Gewässern gut ausgekannt. Diese Argumente verkennen die theologische Ebene, auf welcher der Text redet. Die Liturgie der Osternacht geht einen anderen Weg. Sie sucht nicht nach einer Erklärung, sondern nach der Bedeutung – und findet sie in der Rettung der Glaubenden aus der Macht des Todes. Der Ort, an dem dies geschieht, ist die Taufe.

So lässt sich pointiert sagen: Für die die Osternacht feiernde Gemeinde ist das Geschehen der Taufe die theologische Wahrheit dieses Textes. Historisierende Annäherungen machen den Text zu einem unglaubwürdigen Phantasieprodukt ohne Prägekraft für die Gegenwart der feiernden Gemeinde. Dagegen sagt Martin Buber: „Geschichte ist biblisch überall wunderhaltig." Es kann also nicht darum gehen, das Wunder möglichst „verständlich" zu machen, sondern die „wunderbare" Dimension der Geschichte zu entdecken. Nicht die Wunder sind das Problem, sondern dass wir keinen Sinn mehr für die Wunder haben.

Wer den Text „bibelkundig" liest, wird von ihm selbst auf die richtige Fährte gelockt. Von Gen 1, der ersten Lesung der Ostervigil, herkommend entpuppt sich Ex 14 auch als *Schöpfungsgeschichte*. Nicht nur, dass die Finsternis durch eine geheimnisvolle Wolkensäule „licht" wird (V 20). Vielmehr drängt Gott die todbringenden Chaoswasser – in einem ebenso geheimnisvollen Zusammenwirken mit Mose – zurück, so dass „das Trockene" hervortritt, auf dem Israel den Weg zum Leben geht. Der Ausdruck „das Trockene" ist nicht sehr häufig und findet sich in Gen 1,9f und in Ex 14,16.22 und 29 (noch einmal in 15,19 und ein ähnlicher Ausdruck in 14,21). Durch diese intertextuellen Bezüge zwischen beiden Lesungen wird die Rettung Israels am Meer zu einem Schöpfungsgeschehen: Gott schafft sich sein Volk aus den Wassern des Todes. Gott vernichtet die Todesmacht, damit sein Volk leben kann. Gottes Licht erhellt diese Nacht.

Bisher war noch nicht von der Entwicklung Israels die Rede. Sie nimmt in Ex 14 einen breiten Raum ein: In dieser Krisennacht der Freiheit (V 10–12) geht Israel einen Weg vom Unglauben (vgl. den Wunsch zur Rückkehr nach Ägypten) zum Glauben (V 31). So ist Ex 14 auch eine *Glaubensgeschichte*, eine Bekehrungsgeschichte, welche die ganze Dramatik des Zum-Glauben-Kommens einfängt. Angesichts der tödlichen Bedrohung sind die Selbstaufgabe und die Abwendung von Gott die natürliche Reaktion, die erst mit der Erfahrung der geschenkten Freiheit überwunden wird. Der Glaube ist kein trotziges „Dennoch", sondern die dankbare Anerkennung geschenkter Freiheit: „Fürchtet euch nicht! Stellt euch hin und seht die Rettung JHWHs, die er heute für euch machen wird ... JHWH wird für euch kämpfen, ihr aber bleibt still!" (V 13f)

Ex 14 ist schließlich als eine *Offenbarungsgeschichte* gestaltet: Israel wie die Ägypter sollen sehen, wer JHWH, der Gott Israels, ist. Diese Erkenntnis bedeutet für die Todesmacht den Tod und für die Unterdrückten das Leben.

Aber ein Anstoß bleibt! Müssen die Ägypter sterben, damit Israel leben kann? Der Tod muss vernichtet werden. Aber was ist mit den unschuldigen ägyptischen Soldaten? Die Problematik, dass Rettung aus äußerster Bedrohung oft nur durch den Tod derer möglich ist, die das Leben der Armen und Schwachen bedrohen, gehört zum dunklen Geheimnis des Leidens und der Erlösung. Dieses Problem spiegelt nicht nur modernes Empfinden. In der jüdischen Pessachfeier gibt es den Ritus, beim Vorlesen der zehn Plagen zehn Tropfen Wein zum Gedenken an den Tod der Ägypter zu versprengen. Eine alte jüdische Erklärung sagt dazu: „Gott hat nicht Gefallen am Tod der Sünder. Als sie die Vernichtung der Ägypter sahen, wollten die Engel einen Gesang anstimmen, aber Gott gebot ihnen Schweigen und sprach: Das Werk meiner Hände ertrinkt im Meer, und ihr wollt singen!" (vgl. Babylon. Talmud, Megilla 10b u. Sanhedrin 39b) Der Talmud klärt das Problem der gewaltsamen Vernichtung nicht, aber die Ägypter fallen aus Gottes Mitleid nicht heraus.

Den Anfang des Hymnus auf den Rettergott, der sich in 15,1 an die Erzählung anschließt, haben die Rabbinen bemerkenswert „österlich" ausgelegt. Sie beziehen die Einleitung nicht nur auf die Vergangenheit („damals sang Mose"), sondern deuten die grammatische Form auch als Zukunftsaussage („dann wird Mose singen") und finden darin einen Hinweis auf die Auferstehung der Toten (vgl. Mechilta, Schirata 1).

Predigt

Paul Michael Zulehner erzählt von einem erfahrenen Seelsorger, der in einer schwierigen Klasse Religion unterrichtet. Die Klasse hatte es geschafft, „eine Art Schulomega zu werden. Kein Lehrer hatte mit ihr Freude. Allein dem Religionslehrer war nichts zu dumm. Nun war es administrativ üblich, den Lehrstoff der Stunde am Ende jeweils ins Klassenbuch einzutragen. Einmal vergaß er das. Als er es bemerkte, nahm er sich vor, den Eintrag in der nächsten Stunde nachzuholen. Als er dann das Klassenbuch öffnete, fand er die Arbeit schon getan. Die Klasse hatte den Eintrag für ihn erledigt. Und das mit einem einzigen Wort: Asyl. Das war für sie, die Verachteten, die Religionsstunde: Asyl. Nicht mehr und nicht weniger."[21]

Der zuwendende und freiheitsschaffende Gott

Gott steht für Asyl. Asyl steht für Freiraum, Unterschlupf, Aufnahme und Schutz, für neuen Zufluchtsort. Unsere dritte Lesung der Osternacht greift diese Deutung auf. Gott sorgt für einen neuen Lebensraum, für einen neuen Zufluchtsort, weil sein Volk menschenunwürdig geknechtet wird. Gott ergreift also Partei. Ihm ist nicht gleichgültig, was mit seinem Volk geschieht.

Auf eine unmissverständliche, klare und eindeutige Art redet das Alte Testament von einem Gott, der nicht fernab aller menschlichen Gefühle unbeteiligt im Himmel wohnt. Wer die Geschichte des Volkes Israel in den ersten Büchern der Heiligen Schrift liest, erfährt immer wieder, dass Gott zur Welt gehört. Die Bibel erzählt nicht in langen frommen Phantasien, wie Gott sich wohl im Himmel, jenseits von Gut und Böse, die Zeit vertreibt. Nein, jede Seite der Heiligen Schrift ist gefüllt mit Erzählungen. Sie berichten davon, wie Gott sich in diese Welt hinein neigt und dabei im Auf und Nieder seines Volkes mitfühlt und mitgeht.

Welchen Weg Gott dabei wählt, wird schon in der Begegnung Gottes mit Mose am Dornbusch auf dem Berg Horeb deutlich: Mose flüchtet aus Ägypten, weil er sein Leben in Gefahr sieht. Er kann seinen Leuten nicht mehr beistehen. Was soll er nun tun? Die Bibel erzählt, er „privatisiert". Er zieht sich in die Wüste zurück und hütet gelangweilt die Schafe seines Schwiegervaters Jitro. Obwohl Mose weiß, dass sein Volk in Ägypten die tonnenschweren Steinquader für die Gräber der Pharaonen schleppen muss und dabei elend zugrunde geht, ist Mose ohnmächtig und ohne Ideen. Er wirkt wie ein kleiner Junge in der sengenden Hitze der Wüste, der schaut, ob seine Schafe ein paar trockene Grasbüschel zum Fressen finden.

Aber dann „packt" sich Gott ihn. Ja, Gott stellt sich Mose förmlich in den Weg. Der Auftrag, den er ihm gibt, ist eindeutig. Er soll nicht hingehen und seinem Volk sagen: „Wenn ihr mehr betet, werdet ihr die Schufterei schon besser ertragen." Er bekommt auch nicht den Auftrag, etwas für die Bekehrung des Pharao zu tun, damit der ein bisschen gnädiger mit den Fremden in seinem Land umgeht. Mose wird auch nicht gesandt, um dem Volk zu sagen: „Wenn ihr nur eine Demonstration vom Zaune reißt, wird die Sache schon besser werden."

Nein, das Geschehen, das hier dem Mose widerfährt, zeigt bereits, wie Gott sich fortan durch die Geschichte hindurch um sein Gottesvolk kümmern wird. Es kommt zu einer Gottesbegegnung. Mose sieht einen Dornbusch, der brennt, aber nicht verbrennt. Gott ist Licht und Feuer und erzeugt dennoch keine Asche. Das sprach der Herr:

> Ich habe das Elend meines Volkes in Ägypten gesehen, und ihre laute Klage über ihre Antreiber habe ich gehört. Ich kenne ihr Leid.
> (Ex 3,7)

Gott sieht „das Elend seines Volkes". Gott ist ein Sehender. Weil Gott nicht einfach wegschaut, lässt er sich vom Schicksal, von der Sklaverei seines Volkes zum Betroffenen machen. Nur noch selten in der Heiligen Schrift wird so von den Gefühlen Gottes erzählt wie in dieser Ursprungsgeschichte des Volkes Israel, das sich in der ägyptischen Unterjochung wie ein Wurm fühlt. „Das ist der Grund, warum sich Gott unter uns Menschen einen herausgreift. Er hält es nicht mehr aus, mit anzusehen, wie es seinen Kindern in dieser Welt geht!"[22]:

> Ich bin herabgestiegen, um sie der Hand der Ägypter zu entreißen und aus jenem Land hinaufzuführen in ein schönes, weites Land, in ein Land, in dem Milch und Honig fließen, in das Gebiet der Kanaaniter, Hetiter, Amoriter, Perisiter, Hiwiter und Jebusiter.
> (Ex 3,8)

Gott steigt zur Erde hinab. Gott bleibt nicht in der Unberührbarkeit des Himmels. Gott kann sich nicht zurückhalten. Er sieht, unter welchen erbärmlichen Zuständen sein Volk in der Fremde darben muss. Und diese zum Himmel schreiende Ungerechtigkeit bewegt ihn, sich zu zeigen. Diese mit Füßen getretenen Menschen holen Gott aus der Unerreichbarkeit einer jenseitigen Welt. Das Verstummen des Volkes vor Schmerz und Leid lässt Gott selbst nicht verstummen. Er sagt seinen Namen:

> Ich bin der Ich-bin-da!
> (Ex 3,14)

Wir behaupten schnell, dass Jesus im Unterschied zum Alten Testament von Gott als Vater gesprochen hat. Das ist ungenau. Hier bei der Offenbarung des Gottesnamens offenbart sich Gott doch bereits wie ein sorgender Vater, wie eine liebende Mutter. „Ich bin da!", das ist ein Satz, der zu Vater und Mutter gehört. Wenn die Kinder weinen, wenn ihnen Unrecht geschieht, wenn sie krank sind und Schmerzen haben – ist nichts tröstender, als wenn jemand da ist, der sagt: „Ich bin da! Ich laufe nicht weg! Ich sehe deine Leiden, ich habe deine Schmerzen, deinen Kummer im Blick! Ich steh dir zur Seite, komme, was da wolle."

Der Gottesname ist Zuspruch

Nicht Mose wird das Volk befreien. Gott selbst ist es, der sein Volk aus der Gefangenschaft herausholt. Gottes Name beschreibt sein Wesen: „Ich bin da!" Der Auszug der Israeliten aus Ägypten ist dann nichts anderes, als die Entfaltung und der Beweis für die Gültigkeit dieses Gottesnamens. Ich lade Sie ein, noch einmal genau in die Lesung hineinzuhören:

> Als man dem König von Ägypten meldete, das Volk sei geflohen, änderten der Pharao und seine Diener ihre Meinung über das Volk und sagten: Wie konnten wir nur Israel aus unserem Dienst entlassen! Er ließ seinen Streitwagen anspannen und nahm seine Leute mit. *Sechshundert auserlesene Streitwagen nahm er mit und alle anderen Streitwagen der Ägypter und drei Mann auf jedem Wagen.* Der Herr verhärtete das Herz des Pharao, des Königs von Ägypten, so dass er den Israeliten nachjagte, während sie voll Zuversicht weiterzogen. Die Ägypter jagten mit allen Pferden und Streitwagen des Pharao, mit seiner Reiterei und seiner Streitmacht hinter ihnen her und holten sie ein, als sie gerade am Meer lagerten.
> (Ex 14,5–9a)

Spüren Sie, welcher Kriegsapparat da auf Israel zurollt? Die Großmacht Ägypten holt die ganze militärische Armada hervor, um Israel nachzustellen. Ein Schreckensszenario: Auf der einen Seite das ohnmächtige, hilflose, unbewaffnete kleine Volk mit Frauen und Kindern und auf der anderen Seite eine Weltmacht mit zahlreichen Streitwagen und bestens ausgerüsteten Bodentruppen. Was hier geschildert wird, ist ein noch größeres Ungleichgewicht als zwischen David und Goliath. David hatte wenigstens noch eine Schleuder. Aber gegenüber den Ägyptern steht das Volk Israel waffenlos da.

Deswegen: In dieser Geschichte geht es um Leben und Tod. Aus der Sicht Israels scheint alles verloren zu sein. Angesichts einer solchen bis an die Zähne bewaffneten Truppe gibt es nur noch eine Konsequenz: den nackten Tod. Es gibt kein Entkommen, geschweige denn eine Aussicht, militärisch etwas gegen diese heranrollende Großmacht auszurichten. Es geht nur noch um die Frage, wie die Ägypter das kleine waffenlose Volk hinwegraffen werden. Wer versteht da nicht, dass Israel zu zweifeln beginnt:

> Warum hast du uns aus Ägypten herausgeführt? ... Lass uns in Ruhe! ... Wir wollen Sklaven bleiben. Das ist besser, als in der Wüste von einer gigantischen Militärmacht überrollt zu werden und zu sterben.
> (Vgl. Ex 14,12)

Was dann in dieser Geschichte von Gott erzählt wird, ist das erneute Durchbuchstabieren seines Namens: „Ich bin der Ich-bin-da!"

> Bleibt stehen und schaut zu, wie der Herr euch heute rettet. Wie ihr die Ägypter heute seht, so seht ihr sie niemals wieder. Der Herr kämpft für euch, ihr aber könnt ruhig abwarten.
> (Ex 14,13–14)

Hier an dieser Stelle, geht es um ein Entweder-Oder. Es geht um das Gottsein Gottes. Denn was wäre das für ein Gott, der nicht retten kann? Was wäre das für ein Gott, der der Sklaverei ohnmächtig gegenüberstünde? Was wäre das für ein Gott, der der götzenhaften Überhöhung des Menschen in der Person des Pharaos nichts entgegenzusetzen hätte? Was wäre das für ein Gott, der von Menschen in die Knie gezwungen werden könnte?

Die erzählende Antwort auf diese Fragen fällt wie auf einen klingenden Resonanzboden und ist unseren Ohren vertraut: Da tritt Gott mit einer Wolke zwischen Israel und die Ägypter, Blitze und Donner erhellen die Nacht, das Meer trocknet aus, das Wasser spaltet sich. Das Wasser steht wie eine Mauer rechts und links, so dass sich das Firmament wie ein Schutz über das fliehende Volk wölbt.

Die Schöpfung neu ins Dasein rufen

Hier wird mit den Bildern des Schöpfungsberichts noch einmal erzählt, wie Gott seine Schöpfung gleichsam ein zweites Mal ins Dasein ruft. Gott beseitigt die Chaosmächte des Todes. Er schafft Raum zum Leben. Er ordnet die Mächte neu.

„Gott kämpft" (Ex 14,25), heißt es fast lapidar. Während Israel passiv daneben steht und zusieht, tut Gott alles fürs Überleben. Es geht in dieser Geschichte nicht um Vernichtung, sondern um Aufrechterhaltung des Lebens. Es geht in dieser Geschichte auch nicht darum, dass Gott militärische Ambitionen hätte, sondern es geht darum, dass er den Chaosmächten des Todes entgegentreten kann und diese für immer beseitigt. Darin hat Gottes Handeln den Charakter von Ewigkeit:

> Wie ihr die Ägypter heute seht, so seht ihr sie niemals wieder!
> (Ex 14,14)

In einem tiefsinnigen jüdischen Midrasch wird von einem Streit zwischen den hebräischen Buchstaben Aleph und Beth erzählt.

> Die Hebräische Bibel beginnt den Schöpfungsbericht in Gen 1,1 mit dem zweiten Buchstaben des hebräischen Alphabets: *bereschith* (im Anfang), mit dem Beth. Die Zehn Gebote beginnen in Ex 20,2 mit dem ersten Buchstaben Aleph: *anochi* (ich bin). Aleph fühlt sich benachteiligt und führt Klage bei Gott: Wieso fängst Du die Bibel mit Beth, dem zweiten Buchstaben, und nicht mit mir an, da ich doch der erste bin? Gott antwortet: Mit dir habe ich die Bibel angefangen. Denn nur, damit ich sagen konnte ‚Ich bin der Herr, Dein Gott, der Dich aus Ägypten, dem Sklavenhaus herausgeführt hat', habe ich Erde und Himmel geschaffen. D.h. *bereschith* (am Anfang ... schuf Gott Himmel und Erde) ist nur die Voraussetzung, um meinen Plan, ein Volk und Menschen zu erwählen, einen Vertrag mit ihnen zu schließen, ausführen zu können.[23]

Alles, was uns die Heilige Schrift in den Anfangsgeschichten über Gott und sein Volk erzählt, zielt darauf ab, dass Mensch und Gott zu einer lebendigen Partnerschaft finden. Gott führt sein Volk aus der Knechtschaft, damit er mit ihm einen Bund begründen kann. Die Voraussetzung dafür ist seine „zuvorkommende Art". Gott handelt immer zuerst. Und er handelt immer wieder aufs Neue. Er ist ein Gott mit langem Atem, er hat Geduld, weil er für sein Volk voller Leidenschaft ist. Denn „Geduld ist der lange Atem der Leidenschaft!" (Eberhard Jüngel)

Gottes Weisungen befreien zum Leben

Dieser Bund Gottes mit dem Gottesvolk zielt aber nicht nur auf das einmalige geschichtliche Faktum der Befreiung vom Frondienst. Denn bei Gott geht es nicht nur um eine Befreiung „von etwas", sondern stets um eine Befreiung „in etwas hinein". Gottes Befreiung aus Ägypten hat ein Ziel. Israel soll zu einem Volk werden, in dem es anders zugeht als bei den Ägyptern. Israel soll zu einer „antiägyptischen Gesellschaft" werden. Wie Israel zu diesem neuen Miteinander finden soll, wird wenig später beschrieben:

> Im dritten Monat nach dem Auszug der Kinder Israel aus dem Land Ägypten, an diesem Tage, kamen sie in die Wüste Sinai ... Israel lagerte dort dem Berg gegenüber, Mose aber stieg zu Gott hinauf und Gott rief ihm vom Berg her zu: So sollst du sprechen zum Haus Jakob und verkünden den Kindern Israels: Ihr habt gesehen, was ich an Ägypten getan habe und wie ich euch auf Adlerflügeln getragen habe und euch zu mir gebracht habe. Und nun: Wenn ihr hört, hört auf meine Stimme und meinen Bund haltet, werdet ihr mein besonderes Eigentum aus allen Völkern sein. Zwar gehört mir die ganze Erde; ihr aber sollt mir sein ein priesterliches Königreich und ein heiliges Volk.
> (Ex 19,1–6)

Israel bewahrt seine besondere Nähe zu Gott, indem es *hörend* bleibt. Gott hat seinen Namen mitgeteilt und hat sich als ein Gott der Befreiung erwiesen. Er hat dann seinem Volk seinen Willen für ein neues gesellschaftliches Miteinander mitgeteilt, indem er Mose die Gesetzestafeln am Sinai übergibt.

Das ist wichtig: Israel ist jetzt nicht in eine neue Knechtschaft geraten, die darin besteht, Gottes Gebote und Verbote fremdbestimmt wie unmündige Kinder ohne Hinterfragen umsetzen zu müssen. Die Vorstellung von einer alttestamentlichen Gesetzesfrömmigkeit trifft nicht zu. Die Lebensregeln Gottes sollen Israel vielmehr hörfähig und hörbereit halten. Die „Tora", die Lebensweisung, ist nicht nur appellativer Moralkodex, sondern die Bindung, in der Israel frei für das Gespräch mit Gott bleibt – für die Weggemeinschaft mit dem Gott, der für Israels Freiheit gekämpft hat und weiterhin eintreten wird.

Es gibt ein schönes Bild von Marc Chagall, das dieses Verhältnis Israels zur Tora, zu seinem Gesetz, widerspiegelt. Da zieht das Volk Israel durch die braune sandige Wüste. Mose befindet sich auf einem hohen Felsen. Er ist ganz in der Nähe Gottes. Die Spitze des Zuges führt ein Mann in einem roten Gewand an, einen Stab in der linken Hand. Es ist Josua, der stellvertretend für Mose das Volk anführt. Hinter dem Anführer des Zuges geht im grünen Kleid Aaron. Der Priesterturban weist ihn aus. Neben ihm trägt ein Diener die Tora, die mit einem roten Tuch, einer Art „Königsmantel“, bedeckt ist.

Genau dies ist das Verständnis Israels: Das Gesetz, die Tora, ist nicht irgendein Gesetzeswerk. Es ist die Gewähr, um die von Gott geschenkte Freiheit zu bewahren. Nur wenn das Gesetz zur Orientierung an der Spitze des Zuges geht, wird der Weg ins gelobte Land führen. Nur wenn Israel sich an der Tora „festhält“, wird es die Freiheit finden, in der die Beziehung zu Gott als verlässlicher Bundesschluss erfahren werden kann.

Alle Gesetze und Vorschriften, die Israel bei der Begründung des Bundes mit Gott am Sinai erhält, sind Ausdruck dafür, dass das neue Gottesverhältnis nicht nur für ausgewählte Tage gilt. Gottes Bund mit seinem Volk soll durchschlagen und spürbar werden bis in den Alltag. Es gibt keine Wirklichkeit des Lebens, die seit seiner Befreiung nicht mehr mit ihm zu tun haben könnte.

Hörende Begegnung

Darum soll Israel auf Gott hören. Im Hören soll es eine beständige Nähe zu Gott leben. Nur im Hören wird die Anwendung des Gesetzes kein Kadavergehorsam, sondern bleibt auf Partnerschaft und sich erneuernde Freundschaft angelegt. Diese hörende Nähe zu Gott soll Israel gegenüber anderen Völkern auszeichnen. In der Nähe zu Gott soll gleichsam etwas von Gott auf sein Volk „abfärben“! Gott neigt sich bis in sein Volk hinein, damit sich seine göttliche Idee vom gelungenen Leben in Israel einwurzeln kann. Die Bibel nennt das „Heiligung“.

Worin diese Heiligung besteht, ist somit einfach zu sagen: Israel soll unterscheiden können zwischen Gott und Welt. Gott befreit sein Volk aus Ägypten und führt es 40 Jahre durch weglose Wüste in das gelobte Land. Durch eine sich vom befreienden Gott ableitende Lebens- und Sozialordnung soll Israel ein für alle Mal begreifen, dass an die Stelle Gottes nichts Weltliches gesetzt werden darf. Nur so kann Israel mit Zukunft leben.

Heiligung: Israel soll mit den Augen Gottes die Welt sehen, d.h. Israel soll wie Gott einen Blick haben für die, die leiden, und Israel soll die sehen, die mit Armut, gleich welcher Art, geschlagen sind.

Heiligung: Israel soll sich wie Gott eine Option für Freiheit und Gerechtigkeit bewahren und Sorge dafür tragen, dass es nicht selbst der Versuchung erliegt, in „ägyptischer Art“ andere und sich selbst zu knechten.

Warum lesen wir diese Lesung in der Osternacht? So haben wir bei unseren alttestamentlichen Lesungen stets am Ende der Predigt gefragt. Hier verschärft sich die Frage sogar: Denn die liturgische Ordnung schreibt vor, dass unter allen sieben alttestamentlichen Lesungen die Lesung von der Befreiung Israels aus Ägypten auf jeden Fall vorkommen muss. Also: Warum *müssen* wir diese Lesung in der Osternacht lesen?

Eine erste Antwort gibt uns das anschließende Gebet, das unmittelbar der Lesung in der Osternacht folgt:

Gott, deine uralten Wunder leuchten noch in unseren Tagen. Was einst dein mächtiger Arm an einem Volk getan hat, das tust du jetzt an allen Völkern: Einst hast du Israel aus der Knechtschaft des Pharao befreit und durch die Fluten des Roten Meeres geführt; nun aber führst du alle Völker durch das Wasser der Taufe zur Freiheit.

Das Geschenk der Taufe

Die Exodusgeschichte ist eine Taufgeschichte. Hier wird schon beschrieben, was bis heute in der Taufe durch Gott geschieht. Taufe: Das ist für mich übersetzbar mit unserer Anfangsbehauptung: Gott schenkt Asyl. Gott lässt uns nicht in den „Klauen“ der Chaosmächte des Weltlichen hängen. Gott tut etwas, damit wir in den strudelnden Abgründen dieser Welt nicht untergehen.

In der Taufwasserweihe wird über das Wasser gebetet: „Als die Kinder Abrahams, aus Pharaos Knechtschaft befreit, trockenen Fußes das Rote Meer durchschritten, da waren sie ein Bild deiner Gläubigen, die durch das Wasser der Taufe aus der Knechtschaft des Bösen befreit sind.“ Das Böse hat keine Macht mehr über uns. Taufe ist die Zusage Gottes, dass selbst der größte Feind des Lebens, der Tod, ins Leere läuft. Gott zieht uns in der Taufe in seine Welt hinein, bevor der Tod zugreifen kann. Alfred Delp schreibt aus dem Gefängnis zur Taufe seines Neffen:

> Lieber Alfred Sebastian,
> es ist viel, was ein Mensch in seinem Leben leisten muss. Fleisch und Blut allein schaffen es nicht. Wenn ich jetzt in München wäre, würde ich Dich in diesen Tagen taufen, das heißt: Ich würde Dich teilhaft machen der göttlichen Würde, zu der wir berufen sind. Die Liebe Gottes, einmal in uns, adelt und wandelt uns. Wir sind von da an mehr als Menschen; die Kraft Gottes steht uns zur Verfügung. Gott selbst lebt unser Leben mit, das soll so bleiben und immer mehr werden, Kind. Daran hängt es auch, ob ein Mensch einen endgültigen Wert hat oder nicht ...
> Das habe ich mit gefesselten Händen geschrieben; diese gefesselten Hände vermach' ich Dir nicht; aber die Freiheit, die die Fesseln trägt und in ihnen sich selbst treu bleibt, die sei Dir schöner, zarter und geborgener geschenkt.[24]

In der Taufe berührt uns Gott mit seiner Liebe. Er sieht die Leiden, die mit unserer Diesseitigkeit verbunden sind. Deshalb zieht er uns in seine Würde hinein, die uns an keine weltliche Macht bindet, ja, die uns frei sein lässt, selbst wenn unsere Hände gefesselt sind.

Mit einem ähnlichem Hintergrund verfasst Paulus hinter Kerkermauern seinen Brief an die Philipper:

> Unsere Heimat aber ist der Himmel.
> (Phil 3,20)

Gott schenkt in der Taufe Asyl, schenkt uns hier einen neuen Lebensraum, eine neue Heimat, den Himmel. Dort haben die Chaosmächte des Todes keine Gewalt mehr über uns.

> Wir wissen, dass Christus, von den Toten auferweckt, nicht mehr stirbt; der Tod hat keine Macht mehr über ihn.
> (Röm 6,9)

Gottes Himmel neigt sich seit der Befreiung des Gottesvolkes – und noch einmal ganz neu seit der Auferstehung Jesu – bis auf unsere Erde. Seitdem gilt: Gott ist ein Anwalt der Freiheit. Im Hören auf sein Wort werden wir in den Bund hineingerufen, der uns zu neuen Menschen macht – zu Menschen, die gewandelt wurden und die wissen, dass Gott unser Leben mitlebt. Aus dieser Lebensgemeinschaft mit Gott werden wir zu österlichen Menschen, zu Menschen, die für Asyl eintreten, überall dort, wo andere in die Gefangenschaft einer endlichen und gebrochenen Welt geraten.

Denn: Gott steht für Befreiung. Gott steht für Asyl. Gott steht für Ostern. Für Auferstehung aus der Chaosmacht des Todes. Gott steht für Leben.

Ich hole dich heim

Vom Osterlicht eines erneuten Versprechens

Jes 54,5–14

5 Ja, dein Gemahl, das ist dein Schöpfer,
JHWH der Heerscharen ist sein Name.
Und dein Erlöser ist der Heilige Israels,
Gott der ganzen Erde wird er genannt.
6 Ja, wie eine entlassene Frau,
eine im Innern gekränkte, hat dich JHWH gerufen
und wie die Frau der Jugend, selbst wenn sie verstoßen wurde
– spricht dein Gott.

7 Einen kleinen Augenblick habe ich dich verlassen, aber mit großem Erbarmen
werde ich dich sammeln.
8 Im aufwallenden Zorn habe ich verborgen
einen Augenblick mein Gesicht vor dir,
aber mit ewiger Zuwendung werde ich mich deiner erbarmen
– spricht dein Erlöser JHWH.

9 Denn wie zur Zeit Noachs gilt mir dies,
als ich schwor,
dass die Wasser Noachs nie mehr die Erde überfluten sollten,
so schwöre ich hiermit,
dir nicht zu zürnen und dich nicht anzuschreien.
10 Wenn auch die Berge weichen
und die Hügel wanken,
meine Zuwendung wird nicht von dir weichen,
und mein Bund des Friedens wird nicht wanken
– spricht dein Erbarmer JHWH.

11 Elende, Sturmgepeitschte, Ungetröstete!
Siehe, ich lege in Hartmörtel deine Steine
und gründe dich auf Saphiren.
12 Ich mache aus Rubinen deine Zinnen
und deine Tore aus Beryll
und deine ganze Umfassung aus Edelsteinen.
13 Und alle deine Kinder werden von JHWH Belehrte sein,
und groß ist der Frieden/das Glück deiner Kinder.
14 Auf Gerechtigkeit wird du gegründet sein,
fern von Bedrängnis, denn du wirst dich nicht fürchten,
und von Schrecken, denn er wird dir nicht nahen.

Impulse zur Texterschließung

Herr, du zogst mich empor aus der Tiefe,
ich will dich rühmen in Ewigkeit.

Die vier prophetischen Lesungen erregen weit weniger Anstoß als die beiden vorangehenden. Gerade die vierte und die fünfte Lesung aus Jes sprechen unmittelbar an, haben etwas Gewinnendes, ja Mitreißendes. Beide reden in fesselnden Bildern von einer wunderhaften Veränderung Jerusalems und des Gottesvolkes durch die unausdenkliche Zuwendung Gottes.

Die vierte Lesung gebraucht durchweg eine metaphorische Sprache. Adressatin ist Zion-Jerusalem. Zwei verschiedene Bilder stehen nebeneinander und gliedern den Text: In Jes 54,5–10 geht es um Gottes Beziehung zu der – für kurze Zeit – verlassenen Frau; in den Versen 11–14 wird dagegen Zion als Stadt vorgestellt. Der längere erste Abschnitt des Textes ist noch einmal unterteilt durch drei Abschlusswendungen „spricht dein Gott/Erlöser/Erbarmer". Jede der drei Strophen bringt einen Fortschritt in der wieder aufgenommenen Beziehung mit sich: (1) Gott wird die Verstoßene wieder annehmen; (2) der Zorn dauert nur einen Augenblick, die Zuwendung wird ewig dauern; (3) nichts mehr wird diese Zuwendung erschüttern können.

Die Erfahrung des Exils und der Überwindung der Not wird mit Mitteln der Ehe-Metaphorik gedeutet als *Beziehungsdrama*. Aber diese Bildwelt ist vielfältig angereichert durch andere Vorstellungen, bis sie schließlich in Vers 11 in die Rede von der personifizierten Stadt umschlägt.

Der aktive Part ist Gott, der sich ab- und wieder zuwendet. Von Gott geht die Initiative aus zur Wiederherstellung des Eheverhältnisses als einer Beziehung des Friedens und Glücks (vgl. V 10) und der Dauer. Der hier Handelnde wird angesagt als der „Schöpfer" und der „Heilige Israels", die „Heirat" bzw. die „Erlösung" gehen von ihm aus. Der Begriff „Erlösung" wird an dieser Stelle zum zwölften Mal in den Kapiteln 40–55 (= Deuterojesaja) gebraucht. In diesem Begriff überlagern sich die Vorstellung vom Freikauf des Sklaven und die der Wiedereinsetzung der Frau in den ursprünglichen Status. Das befreite Gottesvolk nimmt Teil an Gottes Heiligkeit. Dieser Gott, der sich Israel zuwendet, ist zugleich der Gott der ganzen Erde (V 5b). Wo gibt es Vergleichbares?

Das Rufen des Ehemannes in Vers 6 erinnert an Jes 62,4: „Nicht länger nennt man dich ‚die Verlassene' ..., sondern man nennt dich ‚meine Wonne' ..., denn der Herr hat an dir seine Freude ..." Damit ist das Eheverhältnis wieder hergestellt, die Erinnerung an die Anfangszeit („Frau der Jugend") ist stärker als die trennenden Erfahrungen der Zwischenzeit. Vers 7f besiegeln die erneute Zuwendung Gottes; sie kann nicht mehr zerstört werden („ewig"). Noch einmal wird Gott als „Erlöser Israels" bezeichnet. Das Exil wird als Gottverlassenheit gedeutet, die aber „nur eine kleine Weile" dauert, denn Gottes Erbarmen führt ihn zu Israel zurück. Immer wieder thematisieren die Propheten die erschütternde und froh machende Einsicht, dass Gott sein Volk nicht verlassen kann: „Wie könnte ich!" – so scheint Gott immer wieder in seinem Herzen zu sprechen.

Um dieses Evangelium, die gute Nachricht von Gottes unerschütterlicher Treue, zu unterstreichen, folgt in Vers 9 und 10 ein Schriftbeweis: Die Erinnerung an Gottes Schwur gegenüber Noach wird übertragen auf das Verhältnis zum Gottesvolk Israel. Zürnen und Schelten haben keinen Platz mehr in dieser Beziehung. Wie gegenüber Noach bindet sich Gott jetzt an seine Gemahlin, sein Volk, mit einem Bund.

Aus der Formulierung „Bund des Friedens“ lässt sich eine Anspielung auf Jerusalem („Jeru-schalajim“ – „schalom“/Frieden“; vgl. V 13) heraushören. Das ist ein „Hochzeitsversprechen“ (Klaus Baltzer). Die Bildebenen des Textes sind kunstvoll ineinander verschlungen: Dieses Versprechen ist beständiger als die Berge und Hügel. Es erinnert noch einmal an die Schöpfermacht Gottes vom Beginn der Lesung.

Auf die Überwindung der Not des Exils in einer erneuerten Gottesbeziehung folgt die Neuschöpfung der Gottesstadt (vgl. V 11ff). Die neue Gottesbeziehung verobjektiviert sich gewissermaßen in einem neuen Aussehen Jerusalems. Die Heiligkeit Gottes überträgt sich auf die Stadt. Aus der von fremden Mächten „Gebeutelten“ wird eine prächtige Gottesstadt, deren grundlegende Erneuerung sich in ihren überaus kostbaren Mauern (sie sind *das* Kennzeichen einer Stadt) ausdrückt. Das Bild von der Mauerkrone aufnehmend, könnte man sagen: Gott setzt der Gemahlin eine prächtige Krone auf und stellt sie damit in aller Pracht vor. An die frühere Not (vgl. V 11a) erinnert nichts mehr.

Das neue Glück der Stadt drückt sich in ihren Kindern aus, die von Gott selbst unterrichtet werden sowie von seinen Geboten (vgl. die sechste Lesung aus Baruch) und seine Zuneigung erfahren. Vers 14 wendet das Bild vom Aufbau auf eine grundsätzliche theologische Ebene: Der neue tragfähige Grund der Stadt ist die von Gott geschenkte Gemeinschaft und seine Treue. Beides ist bei dem Wort „Gerechtigkeit“ mit zu bedenken. Aus Gottes Gerechtigkeit folgt die Gerechtigkeit der Menschen.

Der letzte Satz von Jes 54, der in der Perikopierung des Lektionars nicht vorgesehen ist, nimmt diesen Gedanken auf und fasst zusammen, worum es in diesem Kapitel geht: „Das ist das Erbteil der Diener JHWHs und ihre Gerechtigkeit/Rechtfertigung/Rettung kommt von mir – Spruch JHWHs“ (V 17b). Es ist die Zusage der Rettung durch den treuen Gott. An diesen Schlusssatz schließt sich die fünfte Lesung (Jes 55) unmittelbar an, indem sie die „Dienerinnen und Diener Gottes“ auffordert, die von Gott geschenkte Rettung anzunehmen und sich ihrerseits Gott zuzuwenden.

Die beiden Jesaja-Lesungen in der Osternacht sind also so etwas wie Zwillingstexte, welche die Vision der Heimführung des exilierten Gottesvolkes von zwei Seiten aus entfalten:

Gott wendet sich Israel wieder zu und Israel ist aufgefordert, sich an Gott – und an niemanden sonst – zu halten.

Predigt

Es gibt „Zwischenfälle“, die verändern unser Leben und werden zu unumstößlichen Einschnitten.

Der Gezeichnete

Elias Canetti erzählt in seiner Autobiographie von seinem Lehrer, den er den „Gezeichneten“ nennt:

> Eine unheimliche Figur unter den Lehrern war Jules Vodoz, den wir eine Zeitlang für Französisch hatten. Er fiel mir auf, schon bevor er zu uns kam: er trug einen Hut, wo immer er ging, auch auf den Korridoren der Schule, und ein düsteres, erstarrtes Lächeln. Ich fragte mich, wer er sei, aber ich hatte Scheu davor, andere nach ihm zu befragen. Sein Gesicht hatte keine Farbe, er schien vorzeitig gealtert, ich sah ihn nie mit einem anderen Lehrer sprechen. Er wirkte, als wäre er immer allein, nicht aus Hochmut, nicht aus Verachtung, sondern aus einer schrecklichen Entrücktheit, so, als höre und sehe er nichts um sich herum, als sei er ganz woanders. Ich nannte ihn ‚die Maske‘, behielt aber den Namen für mich, bis er eines Tages in der Klasse erschien, den Hut auf dem Kopf, unser Französischlehrer. Er sprach – immer lächelnd – leise, rasch, mit französischem Akzent, sah keinem von uns ins Gesicht und nun war es, als ob er angestrengt in die Ferne höre. Er ging unruhig auf und ab, mit dem Hut sah es aus, als ob er jeden Augenblick davongehen wolle. Er trat hinter das Katheder, legte den Hut ab, kam wieder hervor und stellte sich vor die Klasse. Da hatte er, im oberen Teil der Stirn, ein tiefes Loch, das der Hut verdeckt hatte. Nun wussten wir, warum er ihn immer trug und sich ungern von ihm trennte.
>
> Das Interesse der Klasse war durch dieses Loch geweckt und bald hatte man herausgebracht, wer Vodoz war und worum es sich handelte. Von unseren Nachforschungen wusste er nichts, aber er war gezeichnet, und da er sein Loch auf dem Kopf nicht mehr verbarg, musste er annehmen, dass wir sein Schicksal kannten. Vor vielen Jahren hatte er mit einem anderen Lehrer zusammen eine Klasse auf einem Ausflug in die Berge begleitet. Eine Lawine ging nieder und verschüttete sie. Neun Schüler und der andere Lehrer kamen um, die übrigen wurden lebend ausgegraben. Vodoz mit einer schweren Verletzung am Kopf, es war zweifelhaft, ob er davonkommen würde. Vielleicht haben sich die Zahlen in meiner Erinnerung verändert, aber kein Zweifel kann daran bestehen, dass es das furchtbarste Unglück war, von dem die Schule je betroffen wurde.
>
> Mit diesem Kainsmal behaftet lebte Vodoz weiter und unterrichtete an derselben Schule. Wie hätte er mit der Frage der Verantwortung je fertig werden können. Der Hut, der ihn vor neugierigen Blicken schützen mochte, schützte ihn nicht vor sich. Er legte ihn nie für lange ab, bald holte er ihn wieder vom Katheder und setzte ihn auf und ging wieder seinen Weg des Gehetzten. Die Sätze, die er für den Unterricht gebrauchte, waren von ihm abgetrennt, als spräche sie ein anderer, sein Lächeln war sein Entsetzen, das war er. Ich dachte an ihn, er ging in meine

> Träume ein, ich horchte wie er auf das Sichnähern der Lawine. Wir hatten ihn nicht lange als Lehrer, ich war erleichtert, als er uns verließ. Ich glaube, er wechselte oft die Klassen. Vielleicht ertrug er es nicht, zu lange mit denselben Schülern zu sein, vielleicht verwandelten sie sich ihm alle bald zu Opfern. Ich sah ihn noch manchmal auf dem Gange und grüßte vorsichtig, er bemerkte es nicht, er bemerkte niemanden. In der Klasse wurde nicht über ihn gesprochen, er war der einzige Lehrer, den niemand nachzumachen versuchte.[25]

Ich fühle mit dem Lehrer Jules Vodoz mit. Mir fallen Menschen ein, die durch ihr Schicksal ebenso gezeichnet sind wie dieser Lehrer, den der Schriftsteller um das Jahr 1920 in Zürich beschreibt. Es wird nicht gesagt, ob Vodoz am tragischen Unfall der Klasse mit schuldig geworden ist. Aber er ist gezeichnet davon, dass er als ein Beteiligter der Katastrophe dabei war. War Unvorsicht im Spiel? Oder Versagen anderer? Oder war es ein unabwendbares Schicksal? Wurden Warnungen in den Wind geschlagen? Hatte man sich vorher nicht genügend über die Gefahr informiert?

Fragen lassen sich im Nachhinein immer stellen. Und wie oft wird dieser Lehrer im Konjunktiv gefangen gewesen sein, den wir immer schnell nach tragischen Stunden formulieren: „Hätten wir doch ...!" Mit seiner feinfühligen Beschreibung lässt Canetti das Lebensgefühl des Lehrers vor dem Leser und der Leserin aufscheinen: „... er trägt ein Kainsmal". Das Loch in seinem Kopf, das Vodoz mit einem Hut so gut es geht verlegen zu verstecken weiß, ist wie ein Brandmal für eine Frage, die er bohrend mit sich trägt: die Frage der Verantwortung.

Alles noch so gute Verbergen durch das Tragen eines Hutes kann nicht darüber hinwegtäuschen, dass das Eigentliche der schrecklichen Erfahrungen tief im Innern des Betroffenen unaustilgbar verankert liegt. Der Tod von neun Schülern hat Jules Vodoz im Wesen verändert. „Er wirkte, als wäre er immer allein, nicht aus Hochmut, nicht aus Verachtung, sondern aus einer schrecklichen Entrücktheit, so, als höre und sehe er nichts um sich herum, als sei er ganz woanders. ... Er sprach – immer lächelnd – leise, rasch, mit französischem Akzent, sah keinem von uns ins Gesicht und nun war es, als ob er angestrengt in die Ferne höre." So nochmals Canetti.

Gott sei Dank wird nicht jeder von uns in solch schwere Erfahrungen gestoßen. Aber was Canetti mit großer Aufmerksamkeit über seinen Lehrer Jules Vodoz erzählt, spiegelt einen tragischen „Zwischenfall" wider, der doch irgendwie zu uns allen gehört oder zumindest schnell gehören kann. Ein Schicksalsschlag, ein Unglück, eine falsche Entscheidung – und unser Leben verändert sich, es bekommt eine neue Richtung. Ja, es hat eine Einprägung erfahren, die fortan alles Weitere bestimmt und vorgibt. Wir sind darin irgendwie Beteiligte, ohne die ganze Tragweite des Schicksals vielleicht persönlich verantworten zu müssen. Wir werden irgendwie eingewoben in die Geschehnisse. Sie lassen buchstäblich in uns etwas zurück, das durch nichts aus der Welt zu schaffen ist. Wir sind für immer „Gezeichnete"! Nichts ist mehr rückgängig zu machen. Es gilt nun, mit den Erfahrungen zu leben, die dem Leben eine neue Richtung geben.

Ich habe dieses Lebensgefühl, das Canetti vom Lehrer Vodoz erzählt, so ausführlich vorgestellt, weil ich darin etwas vom Zustand Israels wiederfinde. An dieses Volk sind die Worte des Propheten in der Gefangenschaft von Babylon gerichtet.

Das gezeichnete Volk

Israel versteht das babylonische Exil als *die* große und vernichtende Katastrophe. Der Untergang des Nordreiches und dann später die Zerstörung Jerusalems durch die Babylonier mit der Verschleppung der Oberschicht und des Königs und dann die Deportation von nahezu 20.000 Menschen hinterlassen bei Israel einen unbeschreiblichen Schmerz.

Israel fühlt sich von Gott verstoßen. Wie ein Mann seine untreue Frau verstößt, so glaubt Israel sich von Gott „in die Wüste geschickt". Gott ist seinem Volk zum treuen Lebensspender und -begleiter geworden. Er hat aus der Knechtschaft Ägyptens herausgeführt. Er hat Israel eine Lebens- und Sozialordnung geschenkt, die befähigt, die geschenkte Freiheit zu bewahren. Nun aber gerät er in Zorn angesichts der Untreue und Ignoranz seines Volkes. Wie in einem Gebet spricht der Prophet das neue Verhältnis Gottes zu seinem Volk aus:

> Ja, du hast dein Volk, das Haus Jakob, verstoßen; denn es ist voll von Zauberern und Wahrsagern wie das Volk der Philister und überflutet von Fremden.
> (Jes 2,6)

Israel hat sich den anderen Völkern angeglichen. Es gibt kaum mehr Unterschiede. So wie bei den Philistern spekuliert Israel mit Zauberern und Wahrsagern. Es baut auf eigene Kräfte und – dort, wo die nicht ausreichen – auf irgendwelche magischen und dämonischen Praktiken.

Es lassen sich aus verschiedenen Blickwinkeln viele Ursachen für die Babylonische Gefangenschaft auflisten. Aber eine Deutung Israels scheint mir wesentlich: Israel hat Gott vergessen.

> Denn du hast den Gott, der dich rettet, vergessen; an den Felsen, auf dem du Zuflucht findest, hast du nicht mehr gedacht.
> (Jes 17,10)

Israel lässt sich nicht mehr tragen vom Glauben an den Gott, der in die Freiheit geführt hat. Israel hat Gott vergessen und setzt immer mehr auf das eigene politische und wirtschaftliche Kalkül. Vordergründige, innerweltliche, oft unsoziale Lebensverheißungen wenden den Blick ab von der gottübertragenen Aufgabe, Zeichen für die Völker zu sein.

Weil Israel die „Andersartigkeit" gegenüber den anderen Völkern verliert, gerät es nicht nur in eine äußere Gefangenschaft bei den Babyloniern. Es ist auch innerlich gefangen in einem Identitätsverlust, der sich wie eine lähmende Finsternis auf das Volk legt.

Wenn man durch solche Niederlagen und Schicksalsschläge, durch solche geschichtlich unaufhaltsamen Abstürze „gezeichnet" ist, was hilft dann weiter? Was macht man, wenn die peinigende Dunkelheit und die lähmende Ohnmacht einer Perspektivlosigkeit alle Hoffnung und Zuversicht raubt?

Die Dunkelheit ertragen lernen

Monika Rudolph schildert in ihrem kleinen Büchlein „Es gibt Augenblicke" Begegnungen, die sie als Krankenhausseelsorgerin mit Menschen hat, die von der Finsternis einer Krankheit umgeben sind. So erzählt sie in einem Kapitel von Frank, der Aids hat.

Das erste Treffen endet in Angst und Schrecken. Aber immer mehr wächst zwischen der Seelsorgerin und dem schwerkranken Patienten ein Vertrauensverhältnis. Dabei ist wichtig, dass beide eigenes Versagen, Angst und panische Hilflosigkeit in der Beziehung zueinander ansprechen können.

> Einmal erzählt Frank von den verschiedenen Zuständen des Wartens. Er hat sie alle durchlitten. „Nachts", sagt er, „wache ich immer. Ich verbiete mir zu schlafen, weil die Angst groß ist, nicht mehr aufzuwachen, zu sterben. Ich möchte nicht nachts sterben! – Ich liege da und hasse diese dunkle, peinigende Finsternis. Und irgendwann dann, wenn ich möglichst wenig auf die Uhr blicke, erwacht allmählich das Haus. Über die Flure gehen eilige, schwerfällige, laute, gedämpfte Schritte, und schließlich öffnet sich die Tür, und der Duft von aufgebrühtem Kaffee dringt in mein Zimmer. Dieser Duft! Er ist köstlicher als der Geschmack. Jeden Morgen warte ich darauf, und jeden Morgen durchströmt mich ein unbeschreibliches Glücksgefühl. Und dann kann ich schlafen. Ich habe es geschafft! Ich habe die Nacht besiegt! – Es ist schwer, die Dunkelheit zu besiegen! Nichts tut wohler, als im Alltagslärm zu schlafen, weil dann das Leben um mich herum pulsiert.[26]

Das kenne ich: Wo mich Dunkelheit umgibt, möchte ich nicht allein sein. Wo Finsternis die Atemzüge schwer werden lässt, dort suche ich nach Menschen, die mir zeigen, dass ich in aller Bedrängnis Teil des Lebens bleibe und nicht abgeschrieben bin. Es ist beeindruckend, wie dann ein kleines sinnliches Zeichen – hier der Kaffeeduft – nach einer durchwachten und überstandenen Nacht zum Moment der Verheißung wird. Es ist ja wie ein Sakrament, wie ein Zeichen, das zu uns spricht: „Du gehörst dazu! Du hast Anteil am ‚pulsierenden' Leben, auch dann noch, wenn dein Puls langsamer wird." Aber damit das möglich wird, brauchen wir Menschen, die mitgehen. Niemand kann die Last des Lebens einem anderen abnehmen. Aber wir können einander beistehen, in der Dunkelheit nebeneinander stehen und die Hand halten. Wir können in der Bedrängnis Begleitung schenken, in der unser Dasein zu einem Zeugnis unserer Hoffnung wird. So können wir das Herz des anderen selbst zur Hoffnung anstoßen.

In der Dunkelheit der Gefangenschaft in Babylon, in dieser Finsternis Israels weiß niemand mehr genau, wie es weitergehen soll. Dennoch entdecke ich in dieser finsteren Aussichtslosigkeit Männer und Frauen, die ungebrochen „mitgehen". Wir nennen sie heute Propheten.

Wahrheit und Beistand

Propheten verheimlichen nicht, was geschehen ist. Propheten können mit der Wahrheit konfrontieren. Aber sie können auch zuhören, die Not wahrnehmen, die Fragen aufgreifen, die Ängste aussprechen lassen. Und dann können sie auf unnachahmliche Weise den eigenen Glauben authentisch zur Sprache bringen.

So verstehe ich den Propheten Jesaja in der vierten Lesung der Osternacht: Er verheimlicht nicht, was gewesen ist. Er redet an der Tragödie nicht vorbei: Ja, Gott hat für eine Weile sein Volk verlassen. Im aufwallenden Zorn verbarg Gott sein Gesicht.

Der Prophet weiß, es gibt die Dunkelheit, in der es so scheint, als habe uns Gott verlassen, und die sich dadurch lähmend über uns ausbreitet.

Aber dann kann Jesaja auch das andere sagen: Weil Gott Gott ist, bleibt er der, der er war. Er ist und wird auch zukünftig der sein, der sich dem Mose am Sinai offenbarte. Gott bleibt seinem Namen treu. Er fühlt mit seinem Volk. Er sieht, in welches Elend sein Volk geraten ist (vgl. Ex 3,7). Und wenn Gott sieht, ist das nicht gefühllos. Jesaja bringt es auf eindrückliche Weise zum Ausdruck:

> Denn dein Schöpfer ist dein Gemahl, „Herr der Heere" ist sein Name. Der Heilige Israels ist dein Erlöser, „Gott der ganzen Erde" wird er genannt. Ja, der Herr hat dich gerufen als verlassene, bekümmerte Frau. Kann man denn die Frau verstoßen, die man in der Jugend geliebt hat?, spricht dein Gott.
> (Jes 54,5–6)

Gott kann von seinem Volk nicht lassen, wie der Gemahl nicht von seiner Frau lassen kann, die er von Jugend an innig liebt. Gottes Wegbegleitung geschieht aus einer Liebe, die der Liebe einer stürmischen und euphorischen Jugend um nichts nachsteht.

Eine Frage beschäftigt uns immer wieder: Warum lesen wir diese Lesung in der Osternacht?

Weil zu unserem Leben – sei es als Einzelner oder als eine zusammengehörende Gemeinschaft – das Schicksal gehört und wir mehr oder weniger „Gezeichnete" sind. Und wir hören diese Lesung aus dem Propheten Jesaja, nicht weil uns auf billige Weise eingeredet werden soll, dass Gott alles schon „irgendwie wieder gut macht". Vielmehr gehört es bereits zu den Erfahrungen Israels, dass Gott mitten im Scheitern und in der Katastrophe „noch etwas zu sagen hat", das in eine Zeitenwende, in ein neues Verstehen des Lebens führt.

Ja, wir lesen den Propheten in dieser Nacht, weil er daran erinnert, wie Gott in der Fremde selbst zu einem Fremden wird, um das „Fundament aus Malachit" für eine neue Freundschaft zu legen. Denn wenn ein Schicksal uns einholt, wenn wir Wege geführt werden, die wir eigentlich nicht wollen, wenn die Dunkelheit uns das Leben entreißen will – dann hilft nur, dass da jemand ist, der uns Anteil am „pulsierenden Leben" gibt und uns so nicht einfach der Trostlosigkeit überlässt.

Jesaja legt im tragischen Zwischenfall des Exils Zeugnis ab. Dort, wo Israel durch Untreue gezeichnet ist, weiß er von der Treue Gottes zu reden:

> Auch wenn die Berge von ihrem Platz weichen und die Hügel zu wanken beginnen – meine Huld wird nie von dir weichen und der Bund meines Friedens nicht wanken, spricht der Herr, der Erbarmen hat mit dir.
> (Jes 54,10)

Dort, wo Israel zum Gezeichneten geworden ist, schenkt uns Gott durch den Propheten Jesaja Worte, die wie der „Kaffeeduft nach durchwachter Nacht" sind. Von dieser Gottesnähe kann man leben und darum ist das Wort des Propheten unverkennbar eine österliche Lichtspur.

Umsonst

Vom Osterlicht einer göttlichen Verheißung

Jes 55,1–11

1 Herzu!
Alle Durstigen, kommt zum Wasser!
Auch wer kein Geld hat – kommt, kauft und esst!
Kommt, kauft ohne Geld
und ohne Kaufpreis Wein und Milch!
2 Wozu wiegt ihr Geld ab für das, was kein Brot ist,
euren Verdienst für das, was nicht sättigt?
Hört, hört auf mich und esst das Gute/Süße,
labt euch am Fetten!
3 Neigt euer Ohr und kommt zu mir!
Hört, und ihr werdet leben!
Ich will mit euch einen ewigen Bund schließen,
gemäß den unverbrüchlichen Gnadenerweisen an David.
4 Siehe, als Zeugen für die Nationen habe ich ihn gegeben,
zum Fürsten und Gebieter für die Nationen.
5 Siehe, du wirst ein Volk rufen, das du nicht kennst,
und ein Volk, das dich nicht kannte, wird zu dir laufen
JHWHs, deines Gottes, wegen,
des Heiligen Israels, denn er hat dich geschmückt.

6 Suchet JHWH, da er sich finden lässt,
rufet ihn an, da er nahe ist.
7 Es verlasse der Gottlose seinen Weg,
der Mann der Bosheit seine Vorhaben,
und er kehre um zu JHWH, und er wird sich seiner erbarmen,
zu unserem Gott, denn er ist reich an Vergeben.
8 Denn meine Vorhaben sind nicht eure Vorhaben
und eure Wege nicht meine Wege.
Spruch JHWHs!
9 Denn so viel höher der Himmel über der Erde ist,
so viel höher sind meine Wege über euren Wegen
und meine Vorhaben über euren Vorhaben.
10 Denn wie der Regen fällt
und der Schnee vom Himmel
und dorthin nicht zurückkehrt,
sondern die Erde tränkt
und sie befruchtet und sprießen lässt,
so dass sie Samen gibt dem Säenden und Brot dem Essenden,

11 so geschieht es mit meinem Wort, das aus meinem Munde hervorgeht:
Es wird nicht fruchtleer zu mir zurückkehren,
sondern es wird tun, wonach es mich verlangt,
und es wird gelingen lassen, wozu ich es sandte.

Impulse zur Texterschließung

Ihr werdet Wasser schöpfen voll Freude aus den Quellen des Heils.

Wie die vorangehende vierte Lesung lebt auch die jetzt vorgestellte von den ansprechenden und stimulierenden Bildern, die sich zu einer eigenen poetischen Welt fügen: die Einladung des freigebigen und treuen Gottes, die das Leben von der Last der Vergeblichkeit befreit und dem Leben neuen Sinn verleiht. Alles scheint möglich, wenn dieses Angebot verlässlich ist.

Wer Sprecher und wer Adressat der marktschreierischen Aufforderung der ersten Verse ist, wird nicht ganz klar. Vermutlich ist es Gott selbst, der einlädt. Angesprochen sind die „Diener JHWHs", von denen in Jes 54,17 die Rede ist. Es ergeht die Einladung zu einem üppigen Festmahl. In der Bibel ist es sonst öfter „Frau Weisheit", die eine Einladung ausspricht (vgl. Spr 9,1–12; Sir 24,19–22).

Das Ziel der Einladung ist hier wie dort kein geringes, es ist das Leben (Jes 55,3, vgl. Spr 9,6). Der Einladung zu folgen, heißt konkret: umzukehren, den sinnlosen Weg zu verlassen, sich nicht mehr vergeblich zu bemühen (V 2a; vgl. Spr 9,6). Nach dem „Intermezzo" von Vers 3b–6 ergeht deshalb in Vers 6 und 7 noch einmal ganz ausdrücklich die Einladung, den falschen Weg zu verlassen. Gott hat alles bereitet als Gastgeber, der die Eingeladenen freundlich („sich erbarmend", „vergebend") aufnimmt.

Aber es kommt noch besser! Zum biblisch tief verankerten Bild Gottes als des Gastgebers (vgl. Jes 25,6–8, Ps 23 u.a., ferner die Rolle des Mahles bei Jesus) kommt die theologische Metaphorik des Bundes: Gott will das Verhältnis zu Israel auf eine neue, unerschütterliche Grundlage („ewiger Bund") stellen. Dafür gibt es ein Muster: Gottes Gnadenerweise an David (vgl. 2 Sam 7 und Ps 89). Dieses Entgegenkommen Gottes gilt jetzt allerdings allen, Davids Privileg wird gleichsam demokratisiert, auf jede und jeden übertragen. Davids klassische Rollen als „Zeuge", „Fürst" (vielleicht liegt hier ein Wortspiel vor: „einer, der kundtut") und „Gebieter" gelten für Israel in der Gemeinschaft der Nationen. Das Königtum ist in Israel mit dem Exil zu Ende, Gottes Verheißungen werden aufrechterhalten. Der Schöpfer und Weltkönig JHWH ist der Heilige Israels. Er sagt sich diesem Israel im Exil zu, weist ihm die Rolle des Gotteszeugen vor der Welt zu und lässt es teilhaben an seiner Herrlichkeit. Die Heiden werden kommen, um in der herrlichen Gottesstadt JHWH zu finden (V 5; vgl. Jes 2,2–5).

Vers 6 nimmt die Einladung von Vers 1 wieder auf. Wie konkret die Aufforderungen zu verstehen sind (Rückkehr oder Wallfahrt zum Zion?) muss offen bleiben. Die Möglichkeit der Umkehr wird durch die Vergebungsbereitschaft Gottes eröffnet. Das ist die Herzmitte des neuen und ewigen Bundes: Gottes Treue zu seinem erwählten Volk, aus der die Vergebung erwächst (vgl. auch die siebte Lesung aus Ez 36). Gottes Parteilichkeit für das Leben und die Zukunft Israels ist überraschend, unerfindlich und nicht ableitbar, denn Gott ist anders. Gerade weil er nicht nach menschlichen Mustern reagiert, kann er vergeben und schöpferisch einen Neuanfang setzen. Wie viel Chance und wie viel „Beziehungsreichtum" steckt in dem einen Wort vom „vergebungsreichen Gott" (V 7)!

Die letzten Verse des Textes, Jes 55,9–11, verschieben noch einmal den Blick und entfalten einen sehr grundsätzlichen Gedanken: die Wirksamkeit des Wortes Gottes. Gott ist anders, es gibt einen „himmelweiten" Unterschied zwischen den Wegen und Gedanken der Menschen und den Wegen und Vorhaben Gottes. Die Wiederherstellung Israels, seine Erlösung und die Erfüllung der Verheißungen sind Wirkungen des Wortes Gottes. Gott, der Schöpfer, wirkt, was er sagt.

So unterstreicht die fünfte Lesung der Osternacht, welcher Gott es ist, der Jesus nicht im Tod gelassen hat. Und der Schluss der Lesung unterstreicht, warum Menschen auf der ganzen Welt sich in dieser Nacht zu einem ungewohnt langen Wortgottesdienst in Gestalt einer Vigilfeier versammeln: Gottes Wort ist Brot, Leben für die Glaubenden.

Die beiden Lesungen aus dem Buch Jesaja reden in der Osternacht von der Würde Israels. Es gab in der 2000-jährigen Geschichte des Christentums immer wieder Versuche, dem Volk Abrahams und Saras diese Auszeichnung abzusprechen – und es gibt sie leider auch noch heute. Dagegen halten die Texte der Osternacht unmissverständlich und unumstößlich fest, dass „Israel das Volk des nie gekündigten Bundes" (Johannes Paul II.) ist. Die Kirche tritt nicht „als Volk des Neuen Bundes" an die Stelle Israels. Seit dem Zweiten Vatikanum hat die Kirche diese „Substitutionstheologie", die so viel Leid über das Volk Israel gebracht hat, „zu dem Gott, unser *Herr* (d.i. JHWH!), zuerst gesprochen hat" (vgl. die sechste Fürbitte vom Karfreitag), als irrig verworfen.

Die Christusbotschaft ist nicht gegen das Alte Testament und gegen die Würde Israels zu predigen. Alles kommt vielmehr darauf an, das Handeln Gottes an seinem Volk anzuerkennen, zu dem die Kirche (d.i. die Gemeinschaft derer, die allein durch Christus Anteil haben an den Verheißungen Gottes für Abraham) in einer geheimnisvollen Beziehung steht. Christliche Theologie hat nach Joseph Ratzinger unverrückbar festzuhalten, „daß es keinen Zugang zu Jesus und damit kein Eintreten der Völker in das Volk Gottes geben kann ohne das gläubige Annehmen der Offenbarung Gottes, die in den Heiligen Schriften spricht, welche die Christen Altes Testament nennen". Gottes Bund mit den Erzvätern wird nicht aufgehoben, sondern bleibt „ewig gültig".

Man kann „keinesfalls Altes und Neues Testament als zwei verschiedene Religionen einander gegenüberstellen; es gibt nur *einen* Willen Gottes mit den Menschen, nur *ein* Geschichtshandeln Gottes mit den Menschen, das sich freilich in unterschiedlichen und zum Teil auch gegensätzlichen, aber in Wahrheit zueinander gehörenden Eingriffen vollzieht"[27].

Die Osternacht ist *der* Ort im Kirchenjahr, an dem diese Wahrheit wie nirgendwo sonst aufscheint. „Wegen JHWHs, deines Gottes; denn er hat dich (Israel!) herrlich gemacht“ – je tiefer dieses Geheimnis der göttlichen Erlösung erfasst und von Christinnen und Christen dankbar gefeiert wird, desto deutlicher sind sie Zeugen JHWHs, den sie als Gott und Vater Jesu Christi vor den Völkern bekennen.

Die Osternacht holt alles Handeln Gottes an seinem Volk in diese eine Nacht hinein: „Dies ist die Nacht ...“. Lineare oder evolutionäre Deutungsmuster verfehlen die liturgische Struktur des Eingedenkens, der Anamnese, bei der es nicht um ein Spiel der Erinnerung („so war das früher“) geht, sondern um das Aufbrechen der alles verschlingenden Zeit in das Heute Gottes hinein. So steht „Israel“ nicht für eine Frühphase der Heilsgeschichte; es ist die bleibende Konkretion, der geschichtlich identifizierbare, ja der greifbare Erweis von Gottes schöpferischer Macht und liebend vergebender Treue: „Gott, deine uralten Wunder leuchten noch in unseren Tagen.“

Nur so – im Eingedenken des Gottes *Israels* – darf und kann die Gemeinde in dieser Nacht jubeln: „Dies ist die Nacht, die unsere (!) Väter, die Söhne Israels, aus Ägypten befreit und auf trockenem Pfad durch die Fluten des Roten Meeres geführt hat ... Dies ist die Nacht, die auf der ganzen Erde alle, die an Christus glauben, scheidet von den Lastern der Welt, dem Elend der Sünde entreißt, ins Reich der Gnade heimführt und einfügt in die heilige Kirche.“

Ostern trennt nicht die Christenheit von Israel, sondern feiert die Hoffnung der „Väter“ (s. auch den Schluss der 2. Lesung, Gen 22,15–18).

Predigt

„Das schönste Wort der Welt: kostenlos!“ So stand es vor einiger Zeit auf einem großen Anzeigeplakat für eine kostenlose Anzeigenwerbung.

Das ist etwas Besonderes, wenn man unvorhergesehenermaßen etwas umsonst bekommt. Unsere Alltagserfahrung kennt es anders: „Man bekommt im Leben nichts geschenkt!“ Vieles ist in diesem Leben nur durch harte Arbeit zu haben. Schließlich leben wir in einer „Leistungsgesellschaft“. Aber die Sehnsucht ist groß, dass das Leben mehr als nur das Produkt unserer Arbeit sei. Ob deshalb die Rate-Shows im Fernsehen Hochkonjunktur haben? Ein bisschen Wissen und dazu noch mehr eine ordentliche Portion Glück und schon ist man der stolze Sieger. Der Eindruck entsteht: so weit bist du gar nicht vom „großen Preis“ des Lebens entfernt!

Leistung zählt

„Man bekommt im Leben nichts geschenkt!“ Das ist das uns in Fleisch und Blut übergegangene Gesetz der Marktwirtschaft. Angebot und Nachfrage regeln den Preis. Begehrte, weil gute Produkte sind teurer als andere Dinge, die keinen so großen Absatz finden.

„Hast du was, bist du was!“ Nach diesem Motto funktioniert unsere Leistungsgesellschaft. Die Verwirklichung dieser bitteren Lebensmaxime beginnt schon sehr früh. Kinder, die in der Schule Erfolg haben, gute Zensuren mit nach Hause bringen und sich durch ihre Begabung positiv darstellen können, haben gute Zukunftsperspektiven.

Wir leben schließlich im ICE-Zeitalter. Alles geht schnell. Die Produktionsabläufe dürfen keine Zeit kosten, denn Zeit ist Geld. Auch in der Schulausbildung. Darum sollen die Schuljahre reduziert werden, gleichzeitig müssen die Lerninhalte aber effizienter vermittelt werden. Das hat dann Konsequenzen: Der Zug kann schnell abgefahren sein und aus dem ICE-Zeitalter wird das „Ice-", auf Deutsch „Eis-Zeitalter": frostig und kalt, ohne menschliche Wärme. Umwege sind nicht erwünscht, Wiederholung nur schwer möglich, Anschlüsse nur noch selten zu finden.

Das Ergebnis: Die Zahl der Menschen, die sich abgehängt fühlen, wird größer. Und selbst unter denen, die Karriere gemacht haben, nimmt die Zahl derer zu, für die sich das Karussell des Lebens mit seinen Anforderungen und Verpflichtungen zu schnell dreht. Sie kommen nicht mehr mit. „Burnout" nennt man das heute: „ausgebrannt". In dem Sprichwort „Hast du was, bist du was!" wird ein Buchstabe hinzugefügt: „Hasst (von hassen) du was, bist du was!" Das Ergebnis dieser Haltung ist unverkennbar in den letzten Monaten sichtbar geworden: Viele fühlen sich im Rahmen von Globalisierung und Vernetzung, von Aktienmärkten und neuen Wirtschaftsräumen abgehängt und protestieren lautstark. Bisweilen kommt zerstörerische Gewalt, dort, wo sich die Großen und Mächtigen treffen, die die „Preise" bestimmen, zum Ausbruch.

Marianne Gronemeyer hat in ihrem Buch „Das Leben als letzte Gelegenheit"[28] eine interessante Beschreibung für das gegenwärtige Lebensgefühl geliefert. Sie stellt eindrücklich dar, wie der Mensch am Ende des Mittelalters die Ewigkeitshoffnung mehr und mehr verliert. Dort, wo der Blick des Glaubens für das Leben nach dem Tod verloren geht, rückt die biologische Zeitspanne des diesseitigen Lebens immer mehr in den Vordergrund. Dabei wird das Leben zur einzigen und letzten Gelegenheit. Beim Verlust einer Ewigkeitsperspektive läuft der Mensch schnell Gefahr, zu meinen, er müsse alles Leben in seiner irdischen Lebenszeit wie Kapital anhäufen. Übersetzt heißt das: lange leben und intensiv leben. „Nur nichts verpassen!" Im Kampf ums Überleben ist die Zeit zu nutzen. Das führt, so Gronemeyer, zu einer Beschleunigung, weil angesichts der unendlichen Vielfalt von Möglichkeiten, die die Welt bereithält, und einer begrenzten Lebensspanne das Angebot überdimensioniert erscheinen muss! Und da der Mensch alles „mitnehmen" möchte, gerät er in Panik. Neben den Tod tritt ein beinahe noch ärgerer Widersacher des Lebens: die Angst, etwas zu versäumen.

Nicht alles ist zu kaufen

Wo der Mensch den Blick für eine durch Gott geschenkte Ewigkeitshoffnung verliert, gerät er in Gefahr, schneller leben zu wollen, als er leben kann. Die Diesseitsfixierung mit dem Angebot unzähliger Möglichkeiten treibt den modernen Menschen an, schneller zu leben, um mehr Zeit für die angeblichen „Highlights" des Lebens zu gewinnen. Allerdings liegt darin die ganze Schizophrenie unseres Zeitgeistes, denn jeder weiß, dass sich Zeit in unserem Leben nicht beschleunigen lässt. Kein Mensch kann eine Minute schneller leben. Sie dauert zu jeder Zeit 60 Sekunden. Noch differenzierter: Je mehr ich meine Zeit in Panik und Hektik verbringe, umso mehr werde ich jener Gabe der staunenden Wahrnehmung beraubt, die das Leben erst kostbar macht.

Auf einem Vortragsabend erklärt darum Marianne Gronemeyer, warum sie prinzipiell nicht mit dem ICE fährt: Ein notwendiger Preis für die enorme Geschwindigkeit des Zuges ist die Konsequenz, dass die Strecken begradigt werden mussten und somit der Zug erhebliche Streckenabschnitte durch Tunnels fährt. Dadurch verlieren die Fahrenden die Möglichkeiten, die Schönheit der Landschaft und den Verlauf der Reise wahrzunehmen. Zeitgewinn führt so zum Wahrnehmungsverlust.

Der Geist der Jesaja-Lesung scheint unserem modernen Zeitempfinden entgegenzustehen.

> Auf, ihr Durstigen, kommt alle zum Wasser! Auch wer kein Geld hat, soll kommen. Kauft Getreide und esst, kommt und kauft ohne Geld, kauft Wein und Milch ohne Bezahlung. Warum bezahlt ihr mit Geld, was euch nicht nährt, und mit dem Lohn eurer Mühen, was euch nicht satt macht?
> (Jes 55,1–2)

Jeder von uns weiß, es gibt Dinge, die wir zum Leben existentiell brauchen, die aber im wahrsten Sinn des Wortes nicht mit Geld bezahlbar sind. Eine positive Einstellung zum Leben zähle ich dazu – innere Gelassenheit und das Vertrauen, dass dieses Leben einen Sinn hat. Alles Geld der Welt kann mir die Angst nicht nehmen, die sich wie ein Parasit in das Herz eines Menschen einschleichen kann und das Gefühl hinterlässt, der Boden unter den Füßen würde keinen Halt mehr geben.

Genau genommen wissen wir alle um das Geschenk der Gesundheit. Und viele haben die Erfahrung schwerer Krankheit hinter sich. Sie haben durchlitten, dass alles Geld und alles Wissen dieser Welt nicht ausreicht, um zuverlässig und mit Garantie sagen zu können, ob das Leben genug Kraft hat, wieder gesund zu werden. Oder wir sprechen vom Geschenk der Liebe. Wenn jemand sagen kann, dass er einen Menschen in sein Herz geschlossen hat, sich berufen fühlt, das Leben an der Seite eines anderen zu teilen, dann ist ihm dies als wahre und unbezahlbare Kostbarkeit des Lebens gegeben.

Wenn wir beginnen, das Leben mit solchen Augen wahrzunehmen, wenn wir mit unserem Innern ertastend begreifen, dass das Eigentliche des Lebens – das, was uns Halt und Orientierung schenkt – nicht zu „machen“ und zu „kaufen“ ist, dann öffnet sich das Herz für das Wort des Propheten:

> Auf, ihr Durstigen, kommt alle zum Wasser! Auch wer kein Geld hat, soll kommen. Kauft Getreide und esst, kommt und kauft ohne Geld, kauft Wein und Milch ohne Bezahlung. Warum bezahlt ihr mit Geld, was euch nicht nährt, und mit dem Lohn eurer Mühen, was euch nicht satt macht?
> (Jes 55,1–2)

Alles, was unserem Leben Kraft und Standfestigkeit verleiht, alles, was unserem Leben Hoffnung und Zukunft gibt – dies alles kommt von dem Gott, der die Schöpfung ins Dasein gerufen hat: Er selbst tut alles dafür, dass sich die Welt unter dem Gesetz einer falsch verstandenen Autonomie nicht verliert.

Marktschreierisch appelliert der Prophet an das Gewissen derer, die die Babylonische Gefangenschaft als bittere Erfahrung eingebrannt bekommen haben: Bei Gott gibt es die eigentliche Nahrung. Denn er gibt dem Leben Perspektive und lädt darum zum Freudenmahl ein. Milch und Wein sind die dazu gehörenden kostbaren Bestandteile. Was umsonst zu kaufen ist, wird nicht verschwiegen:

> Neigt euer Ohr mir zu und kommt zu mir, hört, dann werdet ihr leben. Ich will einen ewigen Bund mit euch schließen gemäß der beständigen Huld, die ich David erwies. (Jes 55,3)

Bei Gott gibt es etwas zu hören, das satt macht. Er hat Worte, die dem Leben neue Festigkeit verleihen. Das, was bei Gott zu hören ist, schenkt Leben. Es ist das Wort von einem neuen ewigen Bund.

Verheißene und geschenkte Zukunft

Gott verpflichtet sich zu zeigen, dass der Bund mit seinem Volk Bestand hat – auch und gerade, weil alles Äußere eine andere Sprache spricht. Alles, was Gott im Bund mit David verheißen hat, wird nicht verloren sein. Vielmehr wird Gott seine Verheißungen auf neue Art und Weise auf das ganze Volk ausweiten. Gott erneuert sein Wort an Israel, und dieses Wort hat die Kraft des Schöpfungsmorgens nicht verloren. Der Gott, der mit seinem Wort alles ins Sein rief, hat sich damit noch nicht „verausgabt". So wie der Schnee und der Regen nicht erfolglos zum Himmel zurückkehren, sondern der Natur Leben spenden, so wird Gottes Wort dafür sorgen, seinem Volk zur neuen Existenz zu verhelfen. Gottes Wort wird in den Blick rücken, was die Menschen wirklich angeht. Dieses Wort wird zum Engagement für die Welt anstoßen, so dass die Völker sich durch Israels Glauben gerufen wissen.

Wir fragen erneut: Warum lesen wir diese Lesung in der Osternacht? Wulf-Volker Lindner beschreibt eine Erfahrung, die der Prophet Jesaja dem Volk Israel in einer ausweglosen Lebenslage einladend eröffnen möchte. Denn Israel steht ja in der absoluten Katastrophe des Exils da wie jemand, der „keinen Wechsel mehr einlösen kann" und der nur noch auf Gnade, auf das Umsonst hoffen darf.

Ich möchte „daran erinnern, dass es keine elementarere und unser Leben verändernde Erfahrung gibt, als wenn in uns lebendig wird, dass wir bei all unseren Unsicherheiten, trotz all unserer ästhetischen, charakterlichen oder moralischen Mängel, trotz all unserer Widersprüchlichkeiten, Risse, Brüche oder Doppelbödigkeiten von Gott und damit vom Leben selbst in diesem Leben bejaht und akzeptiert sind, und zwar umsonst und ohne Vorleistung. Und es gibt wohl kaum eine beglückendere Erfahrung, als wenn in uns lebendig wird, dass wir uns vor Gott nicht erst schön oder gut oder heil oder ganz zu machen brauchen, vielmehr Er uns dadurch ganz und heil macht, dass er uns umsonst akzeptiert.“ Diese von Gott uns zukommende Kraft „lässt uns auch zu uns selbst ja sagen, und uns in uns sicher werden und dem Leben und den Mitmenschen und dieser Welt zuwenden.“[29]

Gott lebt in uns, er schaut nach uns, er eröffnet uns das Leben mit der Perspektive einer absoluten Zukunft, so dass der Augenblick und unsere irdische Zeit nicht die „letzte Gelegenheit“ bedeuten. Gott schenkt das Leben immer wieder neu – und das umsonst, das ist die österliche Botschaft des Jesaja.

Die Quelle für langes Leben

Vom Osterlicht einer leuchtenden Weisheit

Bar 3,9–4,4 (Lektionar 3,9–15.32–4,4)

3,9 Höre, Israel, die Gebote des Lebens,
merkt auf, Einsicht zu erkennen.

10 Wie kommst es, Israel, dass du im Land der Feinde bist,
alt geworden im fremden Land,
11 den Toten gleich geworden,
denen in der Unterwelt zugezählt?
12 Du hast die Quelle der Weisheit verlassen.
13 Wenn du auf dem Weg Gottes gegangen wärst,
wohntest du in Frieden auf ewig.

14 Lerne, wo Einsicht ist,
wo Kraft ist, wo Klugheit ist,
dann erkennst du zugleich, wo Langlebigkeit und Leben,
wo Licht der Augen ist und Frieden.
15 Wer fand ihren Ort,
wer drang vor zu ihren Schätzen?
16 Wo sind die Gebieter der Völker
und die Herrscher über die Tiere der Erde,
17 die mit den Vögeln des Himmels spielten,
und Silber anhäuften und Gold,
worauf die Menschen vertrauen
– und es gibt keine Grenze ihres Besitzes -,
18 die auf Silber aus sind und sich sorgen,
und ihre Werke sind nicht zu ergründen?
19 Verschwunden sind sie und zur Unterwelt hinabgestiegen,
und andere sind an ihre Stelle getreten.
20 Nachkommende sahen Licht und wohnten auf der Erde,
den Weg zur Erkenntnis erkannten sie nicht,
21 nicht verstanden sie ihre Pfade, erfassten sie nicht,
ihre Söhne blieben ihrem Weg fern.
22 Nicht hörte man von ihr in Kanaan,
nicht erschien sie in Teman.
23 Auch die Söhne Hagars, die die Klugheit suchen auf Erden,
die Kaufleute von Midian und Teman,
die Fabeldichter und die Sucher nach Klugheit,
den Weg der Weisheit erkannten sie nicht,
und nicht bedachten sie ihre Pfade.

24 O Israel, wie groß ist das Haus Gottes
und wie weit das Gebiet seines Besitzes!
25 Groß und es hat kein Ende,
hoch und unermesslich!
26 Dort wurden die Riesen geboren, die berühmten, die der Urzeit,
hoch an Wuchs, kundig des Kampfes.
27 Nicht diese hat Gott erwählt,
und den Weg der Erkenntnis ihnen nicht gegeben.
28 Und sie kamen um, weil sie keine Einsicht hatten,
kamen um wegen ihrer Torheit.
29 Wer ist zum Himmel hinaufgestiegen und nahm sie
und brachte sie aus den Wolken?
30 Wer ist über das Meer hinaus gefahren und fand sie
und brachte sie für lauteres Gold?
31 Niemand ist da, der ihren Weg kennt
und den Pfad zu ihr bemerkt.
32 Doch der, der alles weiß, erkennt sie,
er hat sie ergründet durch seine Klugheit.
Der die Erde geschaffen hat für alle Zeit,
hat sie erfüllt mit vierfüßigen Tieren.
33 Der aussendet das Licht, und es geht,
er hat es gerufen, und es hat ihm gehorcht mit Zittern.
34 Die Sterne haben geleuchtet in ihren Wachen,
und sie freuten sich,
35 er hat sie gerufen, und sie sprachen: Hier sind wir.
Sie haben mit Freude dem geleuchtet, der sie gemacht hat.
36 Das ist unser Gott,
nicht wird ein anderer ihm gleich erachtet.
37 Er hat den ganzen Weg der Erkenntnis ergründet,
und gab sie Jakob, seinem Knecht, und Israel, seinem Liebling.
38 Danach erschien sie auf der Erde,
und unter den Menschen hielt sie sich auf.
4,1 Sie ist das Buch der Satzungen Gottes
und das Gesetz, das ewig Bestand hat.
Alle, die an ihr festhalten, finden zum Leben,
die sie aber verlassen, sterben dahin.

2 Kehr um, Jakob, und ergreife sie,
geh deinen Weg zum Glanz von ihrem Licht!
3 Gib nicht einem anderen deine Ehre
und dein Vorrecht einem fremden Volk.

4 Selig sind wir, Israel,
denn das Gott Wohlgefällige ist uns bekannt.

Impulse zur Texterschließung

Herr, du hast Worte des ewigen Lebens.

Die sechste alttestamentliche Lesung der Osternachtfeier gehört ebenfalls nicht zu den Texten, die sich leicht erschließen. Die Lesung wird selten vorgetragen und noch seltener in die Predigt einbezogen, weil ihre Osterbotschaft nicht einfach zu erkennen ist. Das Buch Baruch, das zu den jüngsten Büchern des Alten Testaments gehört und sich als Schrift des Jeremia-Sekretärs Baruch ausgibt, gehört nicht zu den bekannteren und oft gelesenen biblischen Büchern. Aber auch hier lohnt ein genaues Hinschauen. Die Achtsamkeit für die Eigenheiten des Textes und für die Vernetzung mit anderen Lesungstexten der Osternacht und weiteren Spitzentexten des Alten Testaments führt zu hilfreichen Einsichten.

Der Anspruch des Textes wird schon im Eingang deutlich: „Höre, Israel, die Gebote des Lebens!" – damit nimmt der Text das Glaubensbekenntnis Israels, das „Sch^{e}ma Jisrael" aus Dtn 6,4ff auf. Auch das Bekenntnis zur Einzigkeit Gottes, findet sich in unserem Text, und zwar in 3,36: „Das ist unser Gott, nicht wird ein anderer ihm gleich erachtet." Die beiden zentralen Gedanken von Dtn 6,4 halten die Lesung zusammen. Baruch will also *Israels Gottesbeziehung deuten*. Mit welchen Mitteln geschieht dies?

Dem Israel, das den Tod erfährt (vgl. V 10–13) will Baruch den Weg zum Leben zeigen. Das ist die fundamentale Alternative: Tod oder Leben. Mit den Mitteln weisheitlicher Rhetorik – wie in einem schulischen Frage- und Antwortspiel und der direkten Aufforderungen zum Lernen – entfaltet der Text seine Hauptgedanken: Israel lebt in der Gottferne. Das ist die Ursache seiner Todeserfahrungen. Es gibt einen Weg aus dem Elend. Für ihn will Baruch werben. Der Weg zum Leben heißt „Einsicht", „Klugheit" und „Weisheit".

In einem langen Textstück (3,16–31), das die Perikopierung des Lektionars übergeht, wird zunächst rhetorisch sehr geschickt gezeigt, dass die lebensrettende Weisheit nirgends zu finden war und ist: Um sie bemühen sich immer wieder Menschen, auch in der Vergangenheit und in anderen Ländern. Selbst die, die traditionell als „weise" gelten, suchen ohne Erfolg.

Die breite Darstellung der vergeblichen Suche bietet Anschluss für eigene Lebenserfahrung. Auf der Textebene erhöht sie die Spannung auf die positive Antwort, die dann Vers 32 gibt: „Doch der, der alles weiß, erkennt sie, er hat sie ergründet durch seine Klugheit." Der Gott Israels hat als der allein Weise diese Weisheit in sich. Er hat sie nicht gefunden, sondern er hat sie „ergründet" (vgl. V 37). Die Ausgangsfrage von Vers 14f wird theozentrisch beantwortet: „Israel soll lernen, wer sein Gott ist und dass die Weisheit zum Leben allein in ihm ist!" (Odil H. Steck) Gott hat diese Weisheit nicht für sich behalten, sondern sie Jakob/Israel, „seinem Diener und Liebling" geschenkt; der Weg zum Leben steht ihm offen. Mit diesem Privileg darf Israel sich glücklich schätzen. Der Text endet daher wirkungsvoll mit einer Seligpreisung.

Die Lesung bleibt allerdings nicht bei dem Hinweis auf das Geschenk der Weisheit stehen. Diese Weisheit ist nicht nur Lebenskunde und Lebenskunst, praktisches

Wissen, die Befähigung, das Leben zu meistern. Israels Weisheit lässt sich konkret benennen: Es ist das „Gesetz" – so die missverständliche Übersetzung von „tora". Gemeint ist „Weisung" (Martin Buber), Lebensweisung, Gottes Lebens- und Sozialordnung für sein Volk, aufgeschrieben in der Tora des Mose – dem Pentateuch – und stets aktualisiert durch die Propheten und den nicht versiegenden Strom der Auslegung.

Die sechste Lesung der Osternacht erzählt wie die vorangehenden Lesungen *eine Rettungsgeschichte*: Gottes Einsatz zur Bewahrung Israels vor dem Tod. Israel muss diese Rettung nicht erst mühsam suchen. Gott hat sie ihm als Lebensprogramm („Gesetz") anvertraut. Tora-Lernen ist der Weg zum Leben.

So beschreibt die Lesung aus dem Buch Baruch einen weiteren Aspekt der Konstitution des Gottesvolkes. Christinnen und Christen sind in einem falsch verstandenen „Paulinismus" oft versucht, die Bedeutung der Lebensordnung Gottes für sein Volk herabzusetzen. Für die Bibel hat Erlösung aber einen unverzichtbar konkreten gesellschaftlichen – und das heißt auch rechtlichen – Aspekt (vgl. z.B. auch Röm 7,12.14).

Gottes Weg der Erlösung ist konkret: An *einem* Punkt der Geschichte, in *einer* bestimmten, wenn auch „abgelegenen" Weltgegend startet Gott ein Experiment. Es ist das Experiment einer *neuen Gesellschaft*. Bevor das Neue Platz greifen kann, muss das Alte zurückgelassen werden. Deshalb steht am Anfang des Neuen der Auszug aus „Ägypten", d.h. aus der Unterdrückung, ja, der tödlichen Bedrohung. Es wiederholt sich auf der gesellschaftlichen Ebene das, was am Anfang der Schöpfung geschah: Alles ist noch einmal da, die Finsternis, das Chaoswasser (vgl. Ex 14). Die Heraufkunft der neuen Gesellschaft ist ebenfalls ein Schöpfungsakt: Gott weist das Chaos in der Gestalt des mächtigen Pharao und der ägyptischen Gewaltverhältnisse in die Schranken.

Auch wenn es das Neue nur in der entschiedenen Absetzung vom Alten gibt, reicht die Trennung allein nicht aus. Das Neue will *gestaltet* sein. Gerade die Freiheit braucht eine Ordnung, die das Zurückfluten der Chaoswasser verhindert. Die ersten fünf Bücher des Alten Testaments widmen sich nach dem „Vorspiel" von der Erschaffung der Welt und der Befreiung der Israeliten vor allem diesem Thema: Was ist nötig, um die Freiheit zu bewahren und sie allen zugute kommen zu lassen?

Die christliche Überlieferung hat sich mit diesem Teil der Bibel häufig sehr schwer getan. Was auf die Befreiung aus Ägypten folgt, wird meistens unter der Überschrift „Gesetzgebung am Berg Sinai" zusammengefasst. So entsteht der Eindruck, hier trete an die Stelle des Lebens in Freiheit der Entwurf einer „verrechtlichten Religion". Aus der Tendenz heraus, die Botschaft Jesu in Gegenüberstellung zum Judentum zu profilieren, wurde die Botschaft vom Sinai vielfach „auf den Kopf gestellt". Heute sehen wir deutlicher als früher den hohen Preis, den das Christentum – vor allem aber das Judentum – dafür zu entrichten hatte.

Die „Gesetzgebung am Sinai" hat eine Präambel, in welcher der Grund und auch das Ziel aller nachfolgenden Vorschriften Gottes für sein Volk festgehalten sind (Ex 19,1–6):

Im dritten Monat nach dem Auszug der Kinder Israels aus dem Land Ägypten,
an diesem Tage, kamen sie in die Wüste Sinai ...
Israel lagerte dort dem Berg gegenüber,
Mose aber stieg zu Gott hinauf,
und Gott rief ihm vom Berg her zu:
So sollst du sprechen zum Haus Jakob
und verkünden den Kindern Israels:
Ihr habt gesehen, was ich an Ägypten getan habe
und wie ich euch auf Adlerflügeln getragen
und euch zu mir gebracht habe.
Und nun: Wenn ihr hört, hört auf meine Stimme
und meinen Bund haltet,
werdet ihr mein besonderes Eigentum aus allen Völkern sein.
Zwar gehört mir die ganze Erde,
ihr aber sollt mir sein ein priesterliches Königreich
und ein heiliges Volk.

Der Text blickt zurück auf die Erfahrung der Befreiung. Dann öffnet er den Blick nach vorn auf die Begründung einer dauerhaften Nähe Gottes zu seinem Volk. Im Hören auf die Stimme des Rettenden geschieht die Beziehung, wird sie immer neu Wirklichkeit. Alles wird falsch, wenn die auf den zitierten Text folgenden umfangreichen – und manchmal ermüdend zu lesenden – Aneinanderreihungen von Ge- und Verboten objektiv, d.h. unabhängig von dieser lebendigen Beziehung verstanden werden. Dann ist Gott als der Retter aus tödlicher Bedrohung und als Schenker der Freiheit ebenso vergessen wie das schon mit Freiheit beschenkte Volk.

In der Tora findet Israel seine Gottesbeziehung. Es erfährt seine grundlegende Verwandlung, die in der Sprache der Bibel „Heiligung" heißt. Das „heilige, priesterliche Volk", von dem der eben zitierte Text spricht, ist die notwendige Konsequenz der neuen Gottesbeziehung. Denn wer so nah bei Gott ist, wird heilig. Die vielen Einzelbestimmungen der nachfolgenden Kapitel und Bücher bringen nur zum Ausdruck, wie tief die neue Beziehung alle Bereiche des Lebens erfasst. Sie sind von ihrem Ursprung her kein ohnmächtiger Versuch, auf Gott Einfluss nehmen zu wollen, sondern sie reflektieren den göttlichen Glanz in einer neuartigen Gesellschaft. Alle Imperative Gottes sind Imperative der Gnade.

Das alles bleibt nicht eine abstrakte theologische Theorie, die wenig verändert. Die Bibel denkt ganz konkret, für uns oft überraschend – und manchmal fast bizarr, wenn z.B. sogar der behutsame Umgang mit zufällig gefundenen Vogelnestern geregelt wird (Dtn 22,6). Aber nur so folgt wirklich für alle und für alles etwas aus dem Geschenk der Freiheit:

- Die Lebens- und Sozialordnung des Gottesvolkes setzt Gott an die Stelle der Götzen. Sie weiß zu unterscheiden zwischen Gott und Welt, weil nur dies jeden Versuch einer Vergötzung von Weltlichem unterbindet. Die Position „Gott" ist gewissermaßen immer schon besetzt – und nichts und niemand braucht mehr entsprechende Ambitionen zu entwickeln.

- Die Lebens- und Sozialordnung des Gottesvolkes steht unter der Überschrift: „Ihr sollt nie wieder Sklaven sein oder andere dazu machen!" Das ist die Lehre aus der Ägypten-Erfahrung. „Ägypten" lauert überall, und es braucht ein feines kritisches Gespür für Rückfälle in die Unfreiheit.
- Die Lebens- und Sozialordnung des Gottesvolkes bezieht die Schwächsten der Gesellschaft mit ein, denn ihr Schutz und ihre Lebensmöglichkeiten sind der Maßstab für die Lebensqualität der ganzen Gesellschaft.

Biblische Gottesrede ist nicht ablösbar von der gesellschaftlichen Konkretion. Wo dies dennoch geschieht, dort wird das Heil spiritualisiert und individualisiert. Beides – die Spiritualisierung, die „Ent-Körperlichung", und die Individualisierung, die „Ent-Gesellschaftlichung" – macht die Rede von „Gott" unverständlich und unwahr. Gottes Bedeutung für das gemeinsam geteilte Leben wird so weder erfahrbar noch mitteilbar. Hier haben Christinnen und Christen in der Wiederentdeckung der alttestamentlichen Profilierung der Gottesrede viel zu lernen. Die Erinnerung dieser „verlorenen Dimension des Christentums" (Norbert Lohfink) hat gerade erst begonnen – und sie verspricht noch tiefgreifende Veränderungen im christlichen Selbstverständnis.

Es gibt keinen direkten Anschluss an überlieferte biblische Lebensformen. Nur Biblizisten leugnen die kulturelle Differenz von 2000 Jahren. Aber der Zug ins Konkrete – genauer: in die gesellschaftliche Gestaltung des Gottesglaubens – ist eine unverzichtbare Vorgabe der biblischen Gottesrede. Ein Glaube, der sich auf einen schmalen Sektor in einer hochdifferenzierten Gesellschaft beschränkt, hat seine lebensgestaltende Funktion verloren, denn „Leben" verweist auf Ganzheit. Die Identität des Glaubens ist nur im Zusammenhang und in der Gestalt des konkreten gesellschaftlichen Lebens zu finden.

Nach biblischem Verständnis hängt die Anschaulichkeit und die Verständlichkeit der Rede von Gott nicht zuerst an ihrer philosophischen Genauigkeit und Schlüssigkeit. Biblisch wird Gott „definiert" durch die Befreiungsgeschichte einer benennbaren Gruppe von Menschen *und* durch die Stiftung eines neuen hoffnungsvollen Anfangs inmitten der Völkerwelt – gewissermaßen einer „anti-ägyptischen" Art von Gesellschaft. *Beides* gehört zusammen: die Befreiung und die neue Gesellschaft. Der Wille Gottes hat nicht dies oder das zum Inhalt. All das, was Israel am Sinai als Gotteswille erfährt, dient dem einen Ziel: der Formung einer neuen Art von Gesellschaft. Das ist ein klares Kriterium für alle Glaubensgemeinschaften in der Tradition des biblischen Israel. Sind sie in ihrer Andersartigkeit und befreienden Neuheit so erkennbar, dass andere sagen: „Da wollen wir hin!?" Fassen die anderen die Glaubenden am Arm und verlangen sie: „Wir wollen mit euch gehen, denn wir haben gehört, Gott ist bei euch!" (vgl. Sach 8,23)?

Wie aber kann das Gottesvolk den Gotteswillen wirklich verstehen? Das ist das Thema der nächsten, siebten Lesung, die von der inneren Erneuerung Israels spricht.

Predigt

Hans Urs von Balthasar – ein großer Theologe des 20. Jahrhunderts – meinte, alle Dinge ließen sich doppelt betrachten, nämlich als Faktum und als Geheimnis.

Der Mensch als Faktum

Das Faktum „Mensch" wird bei uns immer mehr und gnadenloser entschlüsselt. Vor einiger Zeit stand in einer Zeitung unmissverständlich in dicken Lettern, worauf alle biologische Forschung hinausläuft: „Die Menschheit entziffert sich selbst." Gemeint ist, dass der genetische „Bauplan" des Menschen so gut wie entschlüsselt zu sein scheint. 30.000 bis 40.000 menschliche Gene speichern unser Erbmaterial. Das sind nicht wesentlich viel mehr Gene als zum Beispiel bei bestimmten Fliegen und Würmern. Allein der Aufbau ist komplexer. 99,9 Prozent der Erbanlagen scheint allen Menschen gemeinsam zu sein. Die restlichen 0,1 Prozent bestimmen über unsere Verschiedenheit. Mehr als 300 Seiten haben Francis Collins und Craig Venter, die beiden konkurrierenden Genforscher, mit Analysen gefüllt. „Es gibt eine lange Liste von Entdeckungen, die mir die Socken weghauen"[30], schwärmt Collins.

Es bedarf keiner großen Hellseherei: Wir werden in den kommenden Jahren durch die Wissenschaften über das Faktum „Mensch" immer mehr revolutionär Neues erfahren. Es scheint so, als könne man den Menschen wie ein Buch aufschlagen. Die bis jetzt noch fremde, unverständliche genetische „Sprache" wird dann in mühsamer Kleinarbeit unter Zuhilfenahme mächtiger Computer Buchstabe für Buchstabe, Wort für Wort, Satz für Satz entziffert und entschlüsselt sein: „Die Menschheit entziffert sich selbst!"

Diese Perspektive erfüllt viele mit Hoffnung. Besonders die Medizin, aber auch viele andere Humanwissenschaften erwarten sich aus den Ergebnissen der Genforschung bahnbrechende Entdeckungen, die uns helfen, Krankheiten zu überwinden, schlechte Erbanlagen zu verändern, die Lebenszeit zu verlängern und vieles andere mehr.

Andererseits haben viele Menschen Angst: Der Mensch kann schnell zu einer Maschine degenerieren, die durch äußere Eingriffe auf die angeblichen Erfordernisse einer postmodernen Gesellschaft abgestimmt wird. Die Gefahr des Missbrauchs ist enorm. Werden mit der Aufdeckung und der Veränderbarkeit der Gene in Zukunft Menschen auf bestimmte Fähigkeiten und Eigenschaften hin manipuliert werden? Wie gehen wir mit dem ungeborenen Leben um? Wonach bemessen wir den Wert des Lebens? Zählt nur noch das menschliche Leben mit einem intakten DNS-Molekül?

Ich will die Fragen nicht ausweiten. Aber mit der biologischen Aufdeckung des menschlichen Bauplanes rückt der Mensch als Faktum immer mehr in den Blick. Es ist eine große Gefahr zu meinen, wir könnten den Menschen verstehen, wenn wir lernen, die verschiedenen genetischen Informationen unserer 30- bis 40-tausend Gene mit ihren Bedeutungen und Funktionen zu entschlüsseln.

Der Mensch – das Geheimnis

Denn der Mensch ist nicht nur Faktum, er ist auch Geheimnis. Die bislang meditierten alttestamentlichen Lesungen der Osternacht legen das nahe. Denn hier wird uns glaubend in Erinnerung gerufen: Der Mensch ist nicht Zufall am Rande eines endlosen Kosmos. Vielmehr ist der Mensch, weil er von Gott gewollt wurde. Der Gott der Bibel erschafft den Menschen als Gegenüber. Im Gegensatz zu anderen Religionen ist der Mensch für Gott kein Spielgefährte oder einer, der für ihn sorgen und arbeiten muss. Im zweiten Schöpfungsbericht, der uns im Buch Genesis überliefert ist, heißt es:

> Da formte Gott, der Herr, den Menschen aus Erde vom Ackerboden und blies in seine Nase den Lebensatem. So wurde der Mensch zu einem lebendigen Wesen. (Gen 2,7)

In nur einem Satz wird hier in schlichter Weise ins Bild gehoben, was zur „Doppelstruktur" des Menschen gehört.

Zum einen gehört der Mensch zur Erde, weil er aus ihr hervorgegangen ist. „Aus Erde vom Ackerboden ...", ganz aus dem Stoff des Irdischen ist der Mensch. In diese wenigen Gedanken lassen sich durchaus Vorstellungen vom Werden des Lebens im Sinne des Evolutionsgedankens hineinlesen. Der Mensch stammt aus dem Material der Schöpfung. Der Mensch ist Physik, er ist den Naturgesetzen unterworfen. In diesem Sinne lässt er sich entziffern. Zweifellos: das scheint komplizierter zu sein, als wir denken. Selbst der Bauplan der Natur ist so komplex, dass viele Wissenschaftler staunen und an Zufall nicht glauben wollen. Gleichwohl: wie weit wir mit der Entzifferung des Lebens auch kommen werden – wie sehr wir auch die Hintergründe allen Werdens aufdecken können –, der Mensch ist nicht nur Faktum.

Zum anderen kommt etwas hinzu, was gleichsam von außen in ihn „hineingeblasen" wird und was nicht zur Erde gehört, schreibt der Schöpfungsbericht. Gottes Atem ist nichts Ableitbares. Es ist so, als würde der große Gott sich aus der Weite der Ewigkeit auf die Erde hinabneigen, um dem Menschen das einzuhauchen, was ihn selbst atmen und leben lässt.

Von Gott „beatmet"

Der Mensch wird durch den Atem Gottes. Mit diesem Bild hält der jüdisch-christliche Glaube fest, dass im Menschen das Göttliche lebt. „Der christliche Glaube sagt, dass das, was hier über den ersten Menschen mitgeteilt wird, von jedem Menschen gilt. Dass jeder einzelne Mensch einerseits biologisch entstanden ist, andererseits aber mehr ist als nur ein Produkt vorhandener Gene und einer DNA, sondern etwas, was direkt von Gott herkommt."[31]

In einem Satz hält die Bibel am Anfang fest, dass im Menschen Gott lebt. Das Geheimnis Gott gehört zum Menschen und lässt ihn mehr sein als das, was mit diffizilen Forschungsmethoden der Biologie, Physik oder Genforschung zu entschlüsseln wäre.

„Der Mensch hat den Atem Gottes. Er ist gottfähig."[32] Das hat eine zweifache Bedeutung. Mit dem Menschen hat Gott etwas von sich selbst in besonderer Weise in die Schöpfung eingestiftet. Im Menschen – und zwar in jedem Menschen – ist Gott in dieser Welt zu Hause. Der Mensch ist nicht nur Fleisch und Blut, wie wir oft sagen. Nein, er ist Wohnstatt des Göttlichen. Von hierher begründet sich seine Würde. „Die Würde des Menschen ist unantastbar", weil jeder Mensch durch seine Existenz ein Zeugnis dafür ist, dass Gott ihn gewollt hat.

Und der Mensch kann gleichzeitig das Irdische überschreiten, weil im Menschen Gott seinen Atem hinterlassen hat. Der Mensch hat einen inneren Sensus für die Wirklichkeit Gottes. In ihm selbst ist etwas, das von Gott kommt und darum nach Gott ruft. Zum Bauplan des Menschen gehören nicht nur seine Erbanlagen, sondern Gott selbst hat sich mit seinem Willen im Herzen des Menschen eingeschrieben.

Dieses große Menschen- und Gottesbild schwingt mit, wenn der Psalmist in Psalm 8 betet:

> Herr, unser Herrscher,
> wie gewaltig ist dein Name auf der ganzen Erde;
> über den Himmel breitest du deine Hoheit aus.
> Aus dem Mund der Kinder und Säuglinge schaffst du dir Lob,
> deinen Gegnern zum Trotz;
> deine Feinde und Widersacher müssen verstummen.
> Seh' ich den Himmel, das Werk deiner Finger,
> Mond und Sterne, die du befestigt:
> Was ist der Mensch, dass du an ihn denkst,
> des Menschen Kind, dass du dich seiner annimmst?
> Du hast ihn nur wenig geringer gemacht als Gott,
> hast ihn mit Herrlichkeit und Ehre gekrönt ...
> Herr, unser Herrscher, wie gewaltig ist dein Name auf der ganzen Erde!

Der Mensch sucht nicht nur das Faktum, sondern er sucht auch das Geheimnis, das wir Gott nennen – weil im Menschen der Atem Gottes lebendig ist.

Verwurzelt im Geheimnis Gottes

Der Mensch ist nicht nur Faktum, er ist auch Geheimnis. Unter diesem Blickwinkel stellen sich Fragen: Wie findet der Mensch zu seinem Geheimnis? Wie gelingt es dem Menschen auszuhalten, dass er nicht alles über sich „wissen" kann? Zusammengefasst: Wie kann der Mensch glücklich werden, wenn es immer etwas gibt, das sich seinem Wissen entzieht? Wie kann menschliches Leben Sinn erfahren, wenn es nicht aus sich selbst Sinn hervorbringen kann?

Unsere Lesung aus dem Buch Baruch antwortet auf diese Fragen mit einem vertrauten Bild:

> Wer stieg zum Himmel hinauf, holte die Weisheit
> und brachte sie aus den Wolken herab?
> Keiner weiß ihren Weg, niemand kennt ihren Pfad.
> Doch der Allwissende kennt sie;

er hat sie in seiner Einsicht entdeckt.
Er hat ja die Erde für immer gegründet ...
(Bar 3,29.31–32)

Der Prophet Baruch erinnert an die Größe Gottes, die darin besteht, dass er alles geschaffen hat. Wir sollen uns als Geheimnis annehmen und begreifen können, um einen Zugang zu finden zu unserer Mitte und Tiefe des Lebens. Deshalb ist es notwendig, sich zu erinnern, dass alles Leben in dem seinen Ursprung nahm, der das absolute Geheimnis ist.

Gott ist es, der aus dem Dunkel das Licht hervorgehen ließ. Er ist es, der die Sterne ans Himmelszelt geheftet hat, und er ist es, auf dessen Willen hin sie ihre Bahnen ziehen. Der ganze Kosmos ist mit seinem Dasein ein Lobpreis auf seinen Schöpfer.

Gott hat alles geschaffen und alle Dinge der Schöpfung in eine geheimnisvolle und sinnvolle Beziehung zueinander gestellt.

Er verheimlicht dem Menschen den Plan nicht, nach dem er leben soll, um glücklich und froh zu werden.

Das ist unser Gott, kein anderer gilt neben ihm.
Er hat den Weg der Weisheit ganz erkundet
und hat sie Jakob, seinem Diener, verliehen ...
Sie ist das Buch der Gebote Gottes, das Gesetz, das ewig besteht.
Alle, die an ihr festhalten, finden das Leben;
doch alle, die sie verlassen, verfallen dem Tod.
(Bar 3,36–4,1)

Bevor die Welt war, hatte Gott einen Bauplan für alles. Im menschlichen Bild ausgesprochen: Alles ist bei Gott durchdacht und überlegt. Nichts geschieht zufällig. Alles, was wird, stammt aus seiner Weisheit, aus seinem Geist, aus seiner göttlichen Vollmacht. Darum geschieht die Schöpfung auch mit Weitsicht. Gott weiß, worauf sie hinauslaufen soll.

Gott teilt sich mit

Diese Weisheit behält Gott nicht für sich. Wenn Gott Geheimnis ist und bleibt, heißt das nicht, dass er nichts von sich mitteilen würde. Gott schreibt sich in diese Welt ein, ohne dabei alles von sich zu sagen. Gott macht sich durch die Geschichte mit seinem Volk erfahrbar, ohne sich dabei ganz preiszugeben. Gott tritt immer wieder in Kommunikation mit seinem Volk, ohne zu viel zu sagen. Gott lässt sich in die Karten schauen und gibt preis, nach welchen Spielregeln er mit den Menschen umgeht. Aber er sagt nicht gleich, welche Karte er als Nächste ausspielt. Gott bleibt Gott!

Gott wahrt sein Geheimnis, legt aber immer wieder in der Geschichte mit seinem Volk offen, wer er ist und welche Wege der Mensch gehen soll, damit sein Leben gelingt. Daran erinnert Baruch:

Gott hat alle Wege der Weisheit erkundet
und hat sie Jakob, seinem Diener, verliehen, Israel, seinem Liebling.
(Bar 3,37)

Gott hat die Weisheit für gelungenes Leben den Menschen bekannt gemacht. Diese Weisheit ist für Israel nichts Abstraktes. Daran erinnert der Prophet im nächsten Satz:

Sie ist das Buch der Gebote Gottes, das Gesetz, das ewig besteht.
(Bar 4,1)

Weisheit ist gleichbedeutend mit den Geboten Gottes, mit seinen Weisungen für gelungenes Leben. Israel nennt das Buch, in dem Gott sich mit seinen Regeln für glückliches Leben offenbart hat, Tora.

In einer rabbinischen Auslegung wird dieser wichtige Hintergrund für das Verständnis von Gesetz als Weisheit Gottes mit einem beeindruckenden Vergleich plausibel gemacht.

Rabbi Oschaja eröffnete die Bedeutung der folgenden Verse aus dem Buch der Sprichwörter Salomos:

Ruft nicht die Weisheit, erhebt nicht die Klugheit ihre Stimme?
Der Herr hat mich (die Weisheit) geschaffen im Anfang seiner Wege,
vor seinen Werken in der Urzeit;
in frühester Zeit wurde ich gebildet, am Anfang, beim Ursprung der Erde.
Als die Urmeere noch nicht waren, wurde ich geboren,
als es die Quellen noch nicht gab, die wasserreichen.
Als er die Fundamente der Erde abmaß, da war ich als geliebtes Kind bei ihm.
Ich war seine Freude Tag für Tag und spielte vor ihm allezeit.
(Spr 8,1.22–23.30)

Der Rabbi fährt fort: Da die Weisheit nun gleichbedeutend mit Tora ist, lassen sich die Verse folgendermaßen verstehen:

Die Tora sagt von sich selbst aus, dass sie das Werkgerät des Heiligen, gelobt sei Er, war. Wenn nämlich ein irdischer König sich einen Palast baut, so baut er ihn gewöhnlich nicht durch seine eigene Geschicklichkeit, sondern er lässt sich dazu einen Architekten kommen. Aber auch der Architekt baut nicht auf einen plötzlichen Einfall hin. Er gebraucht zuerst Pläne und Zeichnungen, um festzustellen, wo er die Kammern und die Pförtchen anbringen soll. So blickte auch der Heilige, gelobt sei Er, zunächst in die Tora, und dann erst schuf er die Welt. Das bedeutet also, dass Genesis 1,1 so zu verstehen ist: „Mit der Torah schuf Gott Himmel und Erde.“[33]

Gott teilt mit der Tora den inneren Bauplan seiner Schöpfung mit. In ihr spiegelt sich die Weisheit wider, mit der Gott alles geschaffen hat. Die Konsequenz aus diesem Gedanken drängt sich förmlich auf: Wer diese Weisheit Gottes aufgreift, wer das Gesetz, die Tora als Orientierung für das eigene Leben in den Blick nimmt, der lebt nach der Ordnung Gottes. Das lesen wir bei Baruch:

Kehr um, Jakob, ergreif sie!
Geh deinen Weg im Glanz ihres Lichtes!
Überlass deinen Ruhm keinem andern,
dein Vorrecht keinem fremden Volk!
Glücklich sind wir, das Volk Israel;
denn wir wissen, was Gott gefällt.
(Bar 4,2–4)

Israel weiß, dass Gott seine Weisheit in dieser Welt verwurzelt hat. Israel weiß, was Gott gefällt. Israel weiß, dass Gott in dieser Welt von Urzeiten an immer wieder mit seiner Weisheit gestaltend eingreift. Und Israel weiß, dass ein Leben nach und mit dieser Weisheit bedeutet, mit Gott an einem Strang zu ziehen und das zu werden, wozu uns Gott in seiner Weisheit bestimmt hat.

Gottes Gebote als österliche Wegbegleiter

Warum lesen wir in der Osternacht eine solche Lesung aus dem Alten Testament? Warum rufen wir uns in dieser Nacht in Erinnerung, dass Gott mit seiner Weisheit von Anfang an alles geschaffen hat? Was bedeutet es für unser Ostern, dass ein Leben nach der Weisheit Gottes, also ein Leben nach seinen Geboten, gelungenes und glückliches Leben ist? Ich nehme für die Beantwortung dieser Frage das Gebet zu Hilfe, das unmittelbar nach unserer Lesung gebetet wird:

Gott, unser Vater,
du mehrst die Zahl deiner Kinder
und rufst aus allen Völkern
Menschen in deine Kirche.
Beschütze gütig die Täuflinge,
damit sie den Quell der Weisheit niemals verlassen
und auf deinen Wegen gehen.

Ostern redet nicht nur von der Auferstehung Jesu. Ostern redet immer auch von der Gründung des Gottesvolkes. Ostern ist nicht nur Rückbesinnung darauf, dass das Grab Jesu leer ist, sondern auch darauf, dass der Auferstandene seine Jünger in eine neue Gemeinschaft ruft. Ostern ist nicht nur Begegnung der Jünger mit dem Auferstandenen hinter verschlossenen Türen. Ostern ist auch der Anruf, Türen und Fenster zu öffnen für alle, die nach einer neuen Art von menschengerechter Gemeinschaft suchen. Ostern ist nicht nur *happy end*, sondern auch der Beginn in einer neuen Gemeinschaft, in der die Schwachen etwas zu sagen haben und die Verlorenen die Tür nicht zugeschlagen bekommen.

Dafür steht in der Osternacht die Taufe. Sie ruft die Menschen, die sich an der Weisheit Gottes festmachen und auf den Wegen gehen wollen, die durch Jesus Christus in ein neues Miteinander münden, in eine Gemeinschaft.

Österliche Menschen halten darum an der Weisheit Gottes fest. Jesus Christus ist gleichsam die Rückbesinnung auf diese Weisheit Gottes, die immer schon in der Geschichte des Gottesvolkes Zukunft eröffnet hat. Wir entdecken uns selbst mit unseren Möglichkeiten, wenn wir den Bauplan Gottes nicht außer Kraft setzen. Vielmehr sollen wir den Geboten Gottes zutrauen, dass sie uns Wegweiser auf dem Weg in die Freiheit sind – auf dem Weg in eine neue Gemeinschaft, in der die Würde des Menschen etwas gilt und in der Menschen ihr Miteinander aus einer Solidarität der Verantwortung gestalten.

Ich höre auch das „Aber“: Wenn Gottes Weisheit verstanden wird als das, was uns in den Geboten und Gesetzen vorgelegt wird, ist dann nicht der Weg der Weisheit zu sehr kasuistisch, zu sehr auf die Moral fixiert und zu „haarspalterisch“? Lässt die Betonung von Gesetz und Gebot als Weg in die Erneuerung nicht zu sehr den Eindruck entstehen, als ginge es in der Beziehung zu Gott nur um Gehorsam und Befolgung? Und hat Jesus nicht das Gesetz aufgehoben?

Es hat im Judentum zweifellos im Umgang mit den Weisungen Gottes auch manche Irrwege gegeben. Aber worauf im Letzten die neue „antiägyptische“, „österliche“ Gesellschaft hinausläuft, wenn sie sich an den Weisungen und damit an der Weisheit Gottes orientiert, macht die folgende rabbinische Überlegung noch einmal eindrücklich deutlich:

Rabbi Simlai erklärte:
Sechshundertunddreizehn Gebote wurden durch Moses offenbart.
Dann kam David und fand ihre Grundlage in elf Geboten, wie es im 15. Psalm heißt:
Ein Psalm Davids.
Herr, wer wird wohnen in Deinem Zelt?
1. Wer ohne Tadel einhergeht und
2. recht tut und
3. redet die Wahrheit von Herzen;
4. wer mit seiner Zunge nicht verleumdet,
5. wer seinem Nächsten kein Arges tut und
6. und seinen Nächsten nicht schmäht;
7. wer die Gottlosen für nichts achtet, jedoch
8. die Gottesfürchtigen ehrt;
9. wer sich selbst zum Schaden schwört und es hält;
10. wer sein Geld nicht auf Wucher gibt und
11. nimmt nicht Geschenke wider den Unschuldigen:
Wer das tut, wankt ewig nicht.

Dann kam Jesaja und fand die Grundlage in sechs Geboten, wie es in Jesaja 33,15–16 heißt:

1. Wer in der Gerechtigkeit wandelt und
2. redet, was recht ist,
3. wer Gewinn durch Bedrückung verschmäht,
4. wer seine Hände lahmschüttelt, dass sie nicht nach Bestechung greifen,
5. wer seine Ohren zustopft, dass er nicht Blutschulden höre, und
6. sein Auge zudrückt, dass er das Böse nicht schaue;
der wird in der Höhe wohnen.

Dann kam Micha und fand die Grundlage in drei Geboten, wie es bei Micha 6,8 geschrieben steht:
Es ist dir gesagt, Mensch, was gut ist und was der Herr von dir fordert, nur
1. auf Recht halten,
2. Liebe üben und
3. demütig wandeln vor deinem Gott.

Wiederum kam Jesaja und fand die Grundlage in zwei Geboten, wie es bei Jesaja 56,1 heißt:
So spricht der Herr:
1. Bewahret das Recht und
2. übet Gerechtigkeit.

Dann kam Amos und fand die Grundlage in einem einzigen Gebot, wie es bei Amos 5,4 heißt:
So spricht der Herr zum Hause Israel: Suchet mich, so werdet ihr leben!

Raw Nachman bar Jizchak protestierte dagegen: „Man könnte ja den Vers in Amos so verstehen, als ob Gott durch die Beobachtung der ganzen Torah zu suchen sei! Nein, der Prophet, der die Grundlage aller Gebote in einem einzigen Gebot fand, war Habakuk, der (2,4) sagte:
Der Fromme lebt durch sein Vertrauen.[34]

Die Weisheit Gottes, die uns in der Lebens- und Sozialordnung der Tora Gottes überliefert ist, soll in das Vertrauen Gottes führen. Leben macht sich nicht nur an den Fakten dieser Welt fest, sondern hofft darauf, dass Gottes Geheimnis uns den Weg in eine große, nie endende Zukunft öffnet.

Jesus Christus – das sichtbare Geheimnis Gottes

Sie spüren: Hier berühren unsere Gedanken einen Weg, den Jesus Christus für uns gegangen ist. Paulus sagt über ihn:

Jesus Christus ist Gottes Kraft und Weisheit.
(1 Kor 1,24)

Jesus Christus ist der, in dessen Weisheit und Kraft mir aufscheint, dass Gott in der Tiefe meines Herzens ein Zuhause hat. Er nimmt mich als sein Kind an, auch wenn ich mich, wie der verlorene Sohn, beim Schweinehüten wiederfinde.

Jesus Christus ist der, in dessen Weisheit und Kraft mir aufgeht, dass Gott in jedem Mitmenschen das Gespräch mit mir sucht. Jesus Christus ist der, in dessen Weisheit und Kraft mir das Vertrauen zuteil wird, dass Gott diese Welt, so wie sie ist, mit seiner Gegenwart umarmt. Jesus Christus ist der, in dessen Weisheit und Kraft ich hinzutreten darf zur großen Weggemeinschaft mit seinem auserwählten Volk. Es steht seit Abraham unter der Verheißung, so zahlreich zu werden wie die Sterne am Himmel.

Ja, ich glaube: Jesus Christus ist der, in dessen Weisheit ich erkenne: Der Mensch ist nicht nur Faktum. Er ist und bleibt Gottes Geheimnis, bestellt zum kostbaren Glied des Volkes Gottes und berufen zum ewigen Leben.

Was alt ist, soll neu werden

Vom Osterlicht eines neuen alten Anfangs

Ez 36,16–17a.18–28

16 Das Wort des Herrn erging an mich:

17a Menschensohn, als das Haus Israel auf seinem Erdboden wohnte,
verunreinigten sie es durch ihren Weg und ihre Taten.
18 Ich goss meinen Grimm über sie aus wegen des Blutes,
das sie über das Land gegossen hatten,
und weil sie es mit ihren Götzen verunreinigt hatten.
19 Und ich versprengte sie unter die Völker,
und sie wurden in die Länder zerstreut;
nach ihrem Weg und nach ihren Taten richtete ich sie.
20 Sie kamen zu den Völkern,
aber wohin sie kamen, entweihten sie meinen heiligen Namen,
indem man von ihnen sagte:
Das Volk JHWHs sind sie,
aber aus seinem Land sind sie hinausgezogen.
21 Und mir tat es Leid wegen meines heiligen Namens,
den das Haus Israel entweihte, wohin sie kamen.

22 Darum sprich zum Haus Israel:
So spricht der Herr, JHWH:

Nicht euretwegen handle ich, Haus Israel,
sondern meines heiligen Namens wegen,
den ihr bei den Völkern entweiht habt,
wohin ihr gekommen seid.
23 Ich werde heiligen meinen großen, bei den Völkern entweihten Namen,
den ihr mitten unter ihnen entweiht habt.
Und die Völker werden erkennen,
dass ich JHWH bin – Spruch des Herrn, JHWHs –,
wenn ich mich an euch vor ihren Augen als heilig erweise.

24 Ich werde euch nehmen von den Völkern
und euch sammeln aus allen Ländern
und euch zu eurem Erdboden bringen.
25 Und ich werde über euch reines Wasser sprengen
und euch von all eurer Unreinheit reinigen,
und von all euren Götzen werde ich euch reinigen.

26 Ich werde euch ein neues Herz geben,
und einen neuen Geist werde ich in euer Inneres geben.
Ich werde das Herz von Stein aus eurem Fleisch entfernen
und werde euch ein Herz von Fleisch geben.
27 Meinen Geist gebe ich in euer Inneres,
und ich werde machen, dass ihr in meinen Satzungen geht
und meine Vorschriften beachtet und sie tut.

28 Und ihr werdet in dem Land wohnen, das ich euren Vätern gegeben habe.
Und ihr werdet mein Volk sein
und ich werde euer Gott sein.

Impulse zur Texterschließung

Ein reines Herz erschaffe mit, o Gott,
und gib mir einen neuen, beständigen Geist!

Die siebte Lesung der Osternacht nimmt das Thema der Erneuerung des Gottesvolkes, das aufgrund eigener Schuld im Exil ist, wieder auf. Sie entwirft ein großartiges Bild der grundlegenden Erneuerung des Gottesverhältnisses.

Die Gottesrede in Ez 36,16 setzt mit dem Rückblick auf Israels verfahrene Situation ein, in die das Volk geraten ist, weil es sich vom Weg Gottes abgewandt hat. Ergebnis des Gerichtes sind der Verlust des Landes und die Zerstreuung unter die Völker. Das Problem wird im Zitat der Heiden (36,20b) deutlich: Die Zerstreuten verkörpern sichtbar die Diskrepanz zwischen der göttlichen Verheißung und der tatsächlichen Lage des Gottesvolkes. Die Glaubwürdigkeit des Gottes Israels vor den Nichtjuden steht auf dem Spiel. Für diese ist die Situation Erweis der Ohnmacht JHWHs gegenüber den anderen Völkern und Göttern. Israels Krise ist eine Gotteskrise mit internationalem Horizont.

Dabei hatte Gott es ganz anders mit Israel vorgehabt: Israels Gemeinschaft mit seinem Gott und die Heiligung seines Namens durch getreue Erfüllung seines Willens sollte weltweit ein Zeugnis für die Leben schaffende Kraft der Erwählung geben – und auf diese Weise eine neue Gotteserkenntnis begründen. Statt Heiligung nun Entweihung, statt weltweiter Gotteserkenntnis weltweite Erfahrung eines ohnmächtigen Gottes. Diese Herausforderung zwingt JHWH, den Gott Israels, zur Revision der gegenwärtigen Situation. Die Beziehung zwischen ihm und seinem Volk muss auf eine neue Basis gestellt werden. Der Neuanfang für Israel hat seinen Grund in der Treue Gottes zu sich selbst:

Nicht euretwegen handle ich, Haus Israel,
sondern meines heiligen Namens wegen,
den ihr bei den Völkern entweiht habt,

wohin ihr gekommen seid.
Ich werde heiligen meinen großen, bei den Völkern entweihten Namen,
den ihr mitten unter ihnen entweiht habt.
Und die Völker werden erkennen,
dass ich JHWH bin – Spruch des Herrn, JHWHs –,
wenn ich mich an euch vor ihren Augen als heilig erweise.
(Ez 36,22f)

Das schroff, ja befremdlich klingende Gotteswort lässt Gott die Initiative zur Überwindung der Krise. Es bringt für Israel eine Rettungsperspektive mit sich, die nicht von der Tat Israels abhängt. Der Neuanfang vollzieht sich in drei Schritten:

1. Schritt: Wie beim ersten Exodus wird Israel aus der Gewalt der Völker befreit, aus der Zerstreuung eingesammelt und in sein Land gebracht (vgl. Ez 36,24).

2. Schritt: Israel wird kultisch gereinigt, sein Sündenmakel beseitigt (vgl. Ez 36,25). Damit wäre der frühere Zustand vor der Katastrophe wiederhergestellt. Gott geht aber jetzt noch viel weiter.

Das Neue erfolgt in einem 3. Schritt: In einer Doppelaussage ist von der Neuschöpfung Israels die Rede; Gott gibt ihm ein neues Herz, einen neuen Geist. Bildhaft ausgedrückt: Das Herz aus Stein wird ersetzt durch ein lebendiges Herz aus Fleisch. Mit anderen Worten: Gott gibt seinen Geist in das Innere der Israeliten.

In den deutschen Übersetzungen von Vers 27 wird der Zusammenhang von Herz und Geist meist eher verunklart als verdeutlicht. Gott schenkt nicht sowohl ein neues Herz als auch einen neuen (seinen) Geist, sondern die Aussage vom Herzen wird durch die Aussage vom Geist verdeutlicht. Für das Verständnis dessen, was „Geist" hier bedeutet, ist diese Beobachtung entscheidend. „Herz" und „Geist" erklären sich gegenseitig und werden sogar gleichgesetzt. Der Geist ist wie das Herz das Willens- und Aktionszentrum des Menschen. In dichter bildhafter Form wird ausgedrückt, dass Gott Israel so nahe kommt und es in seinem Innersten so verwandelt, dass er selbst zur alles bestimmenden Mitte seines Volkes wird. Vergleichbar ist der Galaterbrief, in dem es wörtlich heißt: „Ich lebe, aber nicht mehr ich, es lebt aber in mir Christus" (Gal 2,20). Wenn dies geschieht, wird Israel tun, was Gott will – so hält es Vers 27 fest.

Das Alte Testament drückt die von Gott ausgehende völlige Erneuerung der Gottesbeziehung an verschiedenen Stellen mit unterschiedlichen, aber verwandten Bildern aus. In Jer 31,31–34 wird sie mit einem anderen „Neuheits-Terminus" als „der neue Bund" bezeichnet: das ist die von Gott völlig veränderte Qualität der Beziehung zu seinem Volk. Der „neue Bund" ist kein weiterer, zusätzlicher Bund, sondern ein qualitativer Neuanfang. Dieser bringt die ursprüngliche Bundesabsicht erst ganz und ungestört zur Geltung.

Dtn 30,1–10 bringt das Bild von der „Beschneidung des Herzens" (V 6). Das Bundeszeichen der Beschneidung (vgl. Gen 17) wird so verinnerlicht, dass sich nichts mehr zwischen Gott und sein Volk schieben und die Beziehung stören kann. Die Komposition des Abschnitts unterstreicht diesen Gedanken: In den Rahmenteilen steht die Forderung, zu Gott zurückzukehren und auf seine Stimme zu hören. Wie dies möglich ist, sagt der zentrale Vers 6: „Der Herr, dein Gott, wird dein Herz und das Herz deiner Nachkommen beschneiden. Dann wirst du den Herrn, deinen Gott, mit ganzem Herzen und mit ganzer Seele lieben können, damit du Leben hast."

Jes 59,21 entwickelt in anderer Sprache den gleichen Gedanken (vgl. die fünfte Lesung Jes 55,3: „ewiger Bund").

Diese Veränderung, von der die großen Propheten und das Dtn sprechen, ist endgültig und lässt kein Auseinanderdriften von Gott und seinem Volk mehr zu. Jetzt ist durch das geschichtliche Auf und Ab hindurch das eingeholt, was die wirkungsvoll an den Schluss des Abschnitts gestellte Bundesformel festhält: Ihr – mein Volk, ich – euer Gott (vgl. V 28). Das in Ez 36,29ff Folgende beschreibt den veränderten Zustand Israels als Aufenthalt im „Garten Eden" (V 35). Die Schöpfung am Anfang (vgl. die erste Lesung der Osternacht) und die Neuschöpfung am Ende zielen auf das Gleiche: Gottes unverlierbare Nähe bei seinem Volk.

Eine kleine Anmerkung am Rande: Es mag merkwürdig erscheinen, dass in der Osternacht nicht die große Auferstehungsvision gelesen wird, die in Ez 37 unmittelbar auf den in der siebten Lesung der Osternacht vorgetragenen Text folgt. Es ist die eindrucksvolle Vision vom Totenfeld voller Gebeine, die zu neuem Leben erweckt werden. Diese Lesung kommt dennoch an „Ostern" vor – und zwar als dritte Lesung in der Vigil von Pfingsten[35], der Vollendung der 50-tägigen Osterzeit („Pentecoste").

Die letzte alttestamentliche Lesung der Osternacht nimmt mit dem Stichwort vom „neuen Geist" Pfingsten schon vorweg – und die Pfingstvigil nimmt das Thema der Auferweckung wieder auf. Das ist die Logik der Liturgie! Ihr geht es nie darum, alles der Reihe nach – wie wir es mit unserem oft sehr nüchternen Verstand sehen – zu entwickeln, sondern immer die Fülle zur Anschauung zu bringen.

Predigt

„Nimm die Auferstehung hinweg und auf der Stelle zerstörst du das Christentum." Mit diesen kernigen Worten hat die Alte Kirche das Lebenszentrum und den Ernstfall des christlichen Glaubens ausgedrückt. Mit der Auferstehung Jesu steht oder fälltunser christliches Welt- und Menschenbild.

Gottes Bund mit den Menschen

In Anlehnung an dieses altchristliche Wort gehe ich noch einmal einen Schritt in die alttestamentliche Glaubenswelt zurück und behaupte: „Schneide den Gedanken vom Bund Gottes mit den Menschen aus der Bibel heraus und du zerstörst ebenfalls alle Fundamente des christlichen und jüdischen Glaubens!"

Alles, was wir bislang über die alttestamentlichen Lesungen der Osternacht bedacht haben, läuft daraufhin zu, dass Gott mit den Menschen einen Bund schließt. Da ist zunächst die große Vorgeschichte: Gott schafft Himmel und Erde als Lebensraum für den Menschen. Dieser atmet den Atem Gottes. Der Mensch ist von der Erde, aber zugleich ganz aus dem Willen Gottes. Gott und Mensch sind vom Anfang der Schöpfung an auf Partnerschaft hin angelegt. Alles, was Gott ins Dasein gerufen hat, stammt aus einer tiefen Sehnsucht nach dem Menschen. Die ganze Schöpfung ist ein Hinweis, wie Gott in Liebe die Nähe des Menschen will. Das Buch der Weisheit fasst dies beeindruckend zusammen:

> Du liebst alles, was ist,
> und verabscheust nichts von allem, was du gemacht hast;
> denn hättest du etwas gehasst, so hättest du es nicht geschaffen.
> Wie könnte etwas ohne deinen Willen Bestand haben,
> oder wie könnte etwas erhalten bleiben,
> das nicht von dir ins Dasein gerufen wäre?
> Du schonst alles, weil es dein Eigentum ist,
> Herr, du Freund des Lebens.
> (Weish 11,24–26)

Alles, was in dieser Welt geworden ist, stammt von dem Gott, der ein Freund des Lebens ist. Welche vertrauensreiche freundschaftliche Beziehung zwischen Gott und den Menschen möglich ist, erzählt die Heilige Schrift im Glaubensweg des Abraham. Hier bekommt Gott, der ein Freund des Lebens ist, zum ersten Mal in der Beziehung zu einem Menschen ein partnerschaftliches Gesicht. Paulus bezeichnet Abraham als den Vater des Glaubens (vgl. Röm 4). Abraham verdient diesen Namen, weil er sich ganz auf die Geschichte mit Gott einlässt und der Verheißung Gottes traut:

> Sieh gen Himmel und zähle die Sterne; kannst du sie zählen?
> Und Gott sprach zu ihm: So zahlreich sollen deine Nachkommen sein!
> (Gen 15,5)

Schon hier wird im Bund mit Abraham angedeutet: Gott will mit den Menschen einen freundschaftlichen, partnerschaftlichen Weg gehen. Gott bleibt dem Menschen in einer tiefen Fürsorge verbunden. Es liegt Gott am Herzen, dass der Mensch vertraut. Alle Vätererzählungen sind Geschichten von Gott, der die Menschen sucht und sie dazu einlädt, der Weggemeinschaft mit ihm zu trauen.

Wie sehr sich Gott in der Suche nach den Menschen engagiert, zeigt die Geschichte vom Auszug aus Ägypten. Dort, wo die Todesmächte jegliche Beziehung zwischen dem lebendigen Gott und seinem Volk zunichte machen wollen, erweist sich Gott als Retter aus dem Dunkel des Chaos. Gott führt sein Volk durch die Wüste in ein neues Land. Aber nicht nur das: Auf dem Weg durch die Wüste übergibt Gott eine neue Lebens- und Sozialordnung. Mit den Zehn Geboten stiftet Gott eine neue Weggemeinschaft. Israel soll nicht so sein wie alle anderen Völker. Und Israel soll anders leben. Indem Israel die Weisungen Gottes beherzigt, soll für alle Völker sichtbar werden, dass der Gott des Lebens und der Freiheit geglücktes und versöhntes Leben zu schenken vermag.

Im Buch Sacharja kommt zum Schluss in den Blick, dass der Bund Gottes mit seinem Volk keine separatistisch exklusive Angelegenheit nur für Gott und Israel ist.

So spricht der Herr der Heere:
In jenen Tagen werden zehn (Männer) aus Völkern aller Sprachen
einen Mann aus Juda
am Gewand fassen, ihn festhalten und sagen:
Wir wollen mit euch gehen,
denn wir haben gehört:
Gott ist mit euch (Immanuel).
(Sach 8,23)

Hier bricht auf, dass der Bund Gottes mit seinem Volk ein Ziel hat: Israel soll das Volk werden, an dem aufscheint, dass Gott mit den Menschen ist. Das freundschaftliche Verhältnis zwischen Gott und Israel soll für die Völker wie ein weit sichtbarer Leuchtturm Orientierung geben und zeigen, wo und wie Gott zu finden ist.

Israels Gottvergessenheit

Der Weg Israels mit Gott ist aber nicht nur eine Erfolgsgeschichte. Immer wieder geht Israel eigenmächtige Wege. Der Bruch des Freundschaftsbundes mit Gott und das Ignorieren seiner Lebensweisungen bleiben nicht ohne Folgen. So wird in der Babylonischen Gefangenschaft 587 v. Chr. wahr, was der Prophet Jeremia angedroht hat:

Raff dein Bündel zusammen!
Fort aus dem Land,
du schwer bedrängte Stadt!
Denn so spricht der Herr:
Fürwahr, diesmal schleudere ich
die Bewohner des Landes hinweg
und bringe sie in Bedrängnis,
damit sie mich finden!
(Jer 10,17f)

Die große Katastrophe, Israels neue Knechtschaft, ist eine Konsequenz seiner Gottvergessenheit. Israel baut auf die eigene Stärke. Israel spielt – trotz Warnungen der Propheten – mit im „Poker" um die politische Macht – ohne sich dabei zurückzubinden an die Weisungen Gottes. Die Reichen beuten die Armen aus. Die Führer des Volkes treffen Entscheidungen, die nicht mit einem lebendigen Gott, dem Herrn der Geschichte rechnen. Man wahrt den Schein, bringt im Tempel Opfer dar, man versucht, Gott nur darin zufrieden zu stellen, um dann die eigenen Wege umso eigenmächtiger gehen zu können.

Israel ist abtrünnig geworden. Obwohl Gott in Liebe immer wieder nach seinem Volk ruft, geht Israel in seiner Freiheit eigene Wege. Es sucht Selbstverwirklichung in der Durchsetzung eigener Pläne.

> Ich sagte: Hier bin ich, hier bin ich! Den ganzen Tag streckte ich meine Hände aus nach einem abtrünnigen Volk, das einen Weg ging, der nicht gut war, nach seinen eigenen Plänen, nach einem Volk, das in seinem Trotz mich ständig ärgert.
> (Jes 65,1b–3a)

Israels Herz wird Gott gegenüber hart wie Stein. „Wenn das Herz sich wertlosen Dingen zuwendet, dann rollt die Krone auf den Boden", sagt Johannes vom Kreuz. Israel hat das Herz nicht mehr bei Gott. Das hat Folgen.

Wir kennen das aus unserem Alltag. Das Herz ist mehr als ein Organ. Es ist die Mitte unseres Lebens. Wenn das Herz nicht mehr zur Ruhe kommt, weil es sich ständig in einer innerweltlichen „Geschaftlhuberei" überschlägt, dann verhärtet sich das Leben. Dies geht schneller, als man denkt: Ich werde mir selbst und auch anderen gegenüber „hart wie Stahl".

Wer stets meint, alles machen zu müssen, weil er für alles Verantwortung empfindet, wer sich immer selbst zur letzten Instanz aufspielt, der läuft Gefahr, dass sich sein Herz im wahrsten Sinne des Wortes versteinert. Es wird eng, der Blutkreislauf pulsiert immer schneller, der Blutdruck steigt in gefährliche Höhen. Ein steinernes Herz hat Ursachen. Sie liegen in der Regel dort, wo wir unser Herz an wertlosen Dingen festmachen.

Die Bibel spricht davon, dass Israel sich immer mehr um sich selbst dreht und auf das eigene Machen bedacht ist. Im alltäglichen Leben will es sich mit dem Herzen nicht mehr am lebendigen Gott festmachen, der mit Abraham und Mose einen lebenslangen Bund geschlossen hat. Dieses Verhalten ist keine nebensächliche Bagatelle.

Eine solche Abkehr von Gott führt in die fundamentale Krise. Das Umfunktionieren der lebendigen Freundschaft mit dem mitgehenden Gott in eine herzlose Beziehung *pro forma* treibt in die dunkle Nacht des Chaos. Die Prophetenbücher benennen die Ursache für die babylonische Krisennacht des Glaubens ohne Wenn und Aber: Es ist ein versteckter Atheismus, eine Selbstverliebtheit Israels, die nicht mehr an Gott denken lässt. So Gott verlieren heißt dann: das eigene Herz verlieren.

Aber wie lässt sich das Herz zurückgewinnen? Wie gesundet ein hart und steinern gewordenes Herz und wird wieder weich?

Einander mit den Herzen begegnen

Der große Historienroman „Les Misérables" (Die Elenden) ist für mich wie eine heilsame Arznei. In seiner Handlung leuchtet auf, was uns Menschen ein gesund schlagendes Herz zurückgibt.

Victor Hugo erzählt hier die Geschichte von Valjean, der wegen eines Brotdiebstahls zu 20 Jahren Zuchthaus verurteilt wird. In dieser Zeit nimmt ihm die menschenentwürdigende Behandlung des Gefängnisleiters Javert gänzlich den Glauben an das Gute im Menschen.

Bischof Bienvenu nimmt sich in den Wirren der napoleonischen Zeit besonders der Armen an. Seine Kathedrale ist nachts für viele eine Schlafstätte. Eines Abends steht der eben entlassene Valjean vor der Tür des Bischofs. Da die Kathedrale bereits verschlossen ist, gewährt der Bischof ihm in seiner Wohnung Unterschlupf. Am nächsten Tag kann Valjean der Versuchung nicht standhalten. Er stiehlt aus der Truhe des Bischofs das Tafelsilber. Aber er kommt nicht weit. Die Polizei fasst ihn und bringt ihn zurück zum Bischof, der Valjean durch seine Zeugenaussage erneut ins Gefängnis bringen soll.

Aber der Bischof reagiert ungewöhnlich: Er behauptet vor den Polizisten, er habe dem ehemals Gefangenen das Tafelsilber geschenkt. Die Polizei muss den Delinquenten enttäuscht freilassen. Valjean ist überrascht, zumal ihm der Bischof noch zwei silberne Kerzenleuchter dazuschenkt.

Im Gespräch mit Bischof Bienvenu erfährt er den Grund: „Was bedeutet schon das ganze Silber, wenn ich damit Ihre Seele freikaufen kann. Vielleicht lernen Sie dadurch, an das Gute im Menschen zu glauben!" Diese Erfahrung bewirkt bei Valjean innere Umkehr. Er beginnt ein neues Leben. Obwohl immer wieder von bösen Intrigen und Nachstellungen in die Enge getrieben, bleibt Valjean sich treu. Er traut dem Guten und setzt sich mit aller Kraft dafür ein. „Er ist die Liebe!", sagt seine Pflegetochter. Am Schluss des Romans gibt Valjean zu erkennen, was der Grund dafür ist: „Diese beiden Leuchter haben meinem Leben das Licht gegeben!"

Ein versteinertes Herz wird nicht durch die Vernunft weich. Einem hart gewordenen Herzen kommt man nicht mit Geboten und Gesetzen bei. Und schon gar nicht werden wir ein Herz weich bekommen, indem wir es schlagen oder hinter Gitter packen.

„Diese beiden Leuchter haben meinem Leben das Licht gegeben!", sagt Valjean seiner Tochter als die große Erfahrung seines Lebens. Sein durch Ungerechtigkeit und Hass versteinertes Herz taute auf, weil ein anderer der Kraft des Herzens vertraute und ihm mit dem Herzen begegnete.

Mit dieser Erfahrung erschließe ich für mich die Botschaft des Propheten Ezechiel. Es ist unmissverständlich klar: Durch die Abkehr von Gott ist das Herz Israels zu Stein geworden. Wer sich innerlich verhärtet, isoliert sich und gerät in die Gefangenschaft dunkler Mächte. Die äußeren Verhältnisse einer unendlich traurig stimmenden Gefangenschaft unter den Heiden in Babylon entsprechen genau der inneren Befindlichkeit des Gottesvolkes.

Gott wohnt in unserer Mitte

Und hier setzt der Prophet an: Gott wird sich um seines Namens willen um sein Volk kümmern. Sein Name lautet: Jahwe, Ich bin der Ich-bin-da! Hier in der Fremde ist Gott da und begegnet seinem Volk noch einmal erneut mit Herz.

Zu den Erfahrungen Israels gehört es, dass sich mitten im Verlust der eigenen Identität – also in der größten glaubensgeschichtlichen „Panne" – Gott nicht entzieht.

> ner eigenen Schöpfung. Eines Tages sagte Reb Baruch zu seinen Schülern: „Stellt euch einen Menschen vor, den man aus seiner Heimat vertrieben hat. Er kommt an einen Ort, wo er keine Freunde hat, keine Verwandten. Sitten und Sprache des Landes sind ihm nicht vertraut. Natürlich fühlt er sich allein, schrecklich allein. Plötzlich sieht er einen anderen Fremden, der auch niemanden kennt, an den er sich wenden könnte, der auch nicht weiß, wohin er gehen könnte. Die beiden Fremden treffen sich und lernen sich kennen. Sie unterhalten sich und gehen eine Zeitlang den Weg gemeinsam. Mit ein wenig Glück könnten sie sogar gute Freunde werden. Das ist die Wahrheit über Gott und den Menschen: Zwei Fremde, die versuchen, Freundschaft zu schließen.[38]

Die ganze Bibel ist eine Wegbeschreibung dieser Freundschaft zwischen Gott und den Menschen.

Dieser Gedanke vom Bund Gottes mit den Menschen gehört so in die Mitte der Heiligen Schrift, dass, würde man ihn herausschneiden, die Bibel jedes Osterlicht verlieren würde.

Leuchtende Nacht

Impulse für die Gestaltung der Osternacht

Die folgenden Einführungen wollen eine „Hörhilfe“ für die Mitfeiernden sein und durch den Wortgottesdienst der Osternacht führen.

Es empfiehlt sich, den Priester alle Einführungen vortragen zu lassen, damit der Zusammenhang der Wort-Liturgie spürbar bleibt. Auf jeden Fall sollte es nur eine einzige Person sein, während die Lektorinnen und Lektoren wechseln können.

Die Einführungen sollten nicht vom Ambo, sondern von einem zweiten Ort (Priestersitz) aus vorgetragen werden. So entsteht am Ambo keine Unruhe durch den ständigen Wechsel und der Unterschied zwischen Einführung und Schrifttext wird deutlich. Wichtig ist, dass alles in großer Ruhe geschieht.

Die Kerzen sollten nach dem Exsultet nicht gelöscht werden; das bewahrt die festliche Atmosphäre der Lichtfeier.

Einführungen zu den Lesungen der Osternacht

Modell 1: Lichter in der Nacht
Heinz-Günter Bongartz

Zur ersten Lesung (Gen 1)
Gott ist kein blinder Macher. Der Schöpfungsbericht erzählt, wie Gott das Chaos ordnet und wie er die Dinge voneinander trennt. So wird das Leben möglich. Gott tritt allem entgegen, was dem Leben keinen Raum gibt. Er sorgt für das Leben. Und: Gott schafft den Menschen nach seinem Abbild. Er spricht allen Menschen göttliche Würde zu. Diese Botschaft der ersten Seite der Bibel wird sich bis zum Ende durchhalten: Gott, der das Leben geschaffen hat, ist ein Gott für alle Menschen. Jeder Mensch ist mit seiner Existenz ein Zeugnis dafür, dass Gott ihn als sein Abbild gewollt hat. Der Mensch ist eine österliche Lichtspur.

Zur zweiten Lesung (Gen 22)
Die alttestamentlichen Lesungen sind österliche Lichtspuren. Sie erzählen vom Gott des Lebens. Sie sind geheimnisvoll und manchmal undurchdringlich. So etwa auch die Lesung von der Bindung Isaaks, wie die Juden die folgende Erzählung bis heute nennen.

Die Erzählung will in Erinnerung rufen: Gott kann widersprüchlich sein. Er gibt eine Verheißung – und dann erscheint es uns, als sei er es selbst, der sie uns wieder entzieht. Gott schenkt das Leben und manchmal meinen wir, er würde es wieder nehmen. Der Ort, an dem Abraham seinen Sohn Gott opfern soll, heißt Morija. Dieser Name bedeutet: „Gott sieht!“ Morija ist der Berg, auf dem später der Tempel steht.

Gott behält den scheinbaren Widerspruch im Blick. Er ist der Sehende. Mit Weitsicht gestaltet er alles. Gott greift ein und sorgt dafür, dass dem Isaak, der für Abraham die göttliche Verheißung der Zukunft ist, kein Haar gekrümmt wird.

Diese Lesung ist eine österliche Lichtspur zu dem Gott, der uns im Leben nicht selten fremd vorkommen kann, aber der Anwalt des Lebens bleibt.

Zur dritten Lesung (Ex 14)
Es ist liturgische Vorschrift, die kommende Lesung vom Auszug Israels aus Ägypten in der Osternacht zu lesen. Dies hat einen markanten Grund. Der Name „Ägypten“ steht für alle Todesmächte und für alle Unfreiheit. Gewaltig und unbezwingbar tritt diese Großmacht als Feind des Lebens dem kleinen Volk Israel gegenüber. Die Geschichte vom Auszug aus der Gefangenschaft erzählt von einem großen Wunder: Gott kämpft für Israel, damit es ins Leben findet. Gott gebietet den Chaosmächten des Todes – dafür steht Ägypten – Einhalt. Dort, wo Gott kämpft, verlieren alle, die den Tod wollen, ihre Existenzberechtigung. Der Exodus aus Ägypten ist eine österliche Lichtspur.

Zur vierten Lesung (Jes 54)

Menschliches Leben kann auf vielerlei Weise in die Fremde geraten. Durch Schicksalsschläge, durch Verlust, durch Schuld, durch Versagen kann unser Leben abstürzen und damit selbst zur Frage werden: Wird Gott zu uns halten? Bleibt Gott treu? Kann Gott seine Suche nach den Menschen aufgeben?

Das Volk Israel hat oft vor diesen Fragen gestanden. Und mehr als einmal im Lauf seiner Geschichte entfernt es sich weit von der Absicht Gottes. Trotz alledem – so erzählt der Prophet Jesaja – bleibt Gott in sein Volk verliebt und lässt nicht von ihm ab. Sein Herz schlägt voller Leidenschaft für sein auserwähltes Volk.

Dieses Wesen Gottes ist wie Licht in dunkler Nacht. Es ist eine österliche Lichtspur.

Zur fünften Lesung (Jes 55)

„Ohne Fleiß kein Preis!" Diese Lebensmaxime prägt oft unseren Alltag. Wir leben in einer Leistungsgesellschaft.

Und doch ist das Wesentliche nicht zu kaufen: Freude mitten in den Aufgaben des Lebens, Liebe in Stunden der Einsamkeit, Hoffnung in schweren Zeiten, Sinn und Lebensorientierung an Tagen der Verzweiflung, Geborgenheit und Halt in Nächten der Trostlosigkeit. Alles das können wir nicht für Geld kaufen.

Leben ist mehr als nur die Summe der Möglichkeiten, die ich in Euro und Cent bezahlen kann. Daran erinnert der Prophet Jesaja. Der Gott Israels verleiht dem Leben eine Perspektive, die eine umfassende Zukunft einschließt. Gott gibt Anteil an seinem Leben, an seiner Fülle und Ewigkeit. Und das umsonst. Dies ist eine österliche Lichtspur.

Zur sechsten Lesung (Bar 3)

Gott führt nicht nur aus der Gefangenschaft in die Freiheit. Die Osternacht erinnert auch daran: Gott ruft mit der Freiheit in ein neues Volk. Dieses Volk soll nach seiner Lebens- und Sozialordnung leben. Gott gibt dem auserwählten Volk die Zehn Gebote – die Tora, das Buch mit göttlichen Weisungen –, damit diese das Leben schützen und bewahren. Die göttliche Lebensordnung ist nicht willkürlich. Gott gibt sie seinem Volk mit tiefer Absicht. Er tut seine Weisheit kund, damit sie eine Kultur des Lebens ermöglicht. Gottes Weisungen sind eine österliche Lichtspur.

Zur siebten Lesung (Ez 36)

„Wenn das Herz sich wertlosen Dingen zuwendet, dann rollt die Krone zu Boden!" So sagt Johannes vom Kreuz.

In der Geschichte Israels hatte das Volk das Herz nicht immer bei Gott. Weltliche Interessen standen oft im Vordergrund. Spekulationen mit der Macht wurden zur großen Versuchung. In solchen Phasen war Gott meistens nicht mehr die Mitte. Die Bibel verschweigt nicht, dass Israel in solcher Gottvergessenheit immer auch etwas von der eigenen Würde verloren hat. Das gesellschaftliche Miteinander geriet aus dem Lot. Israel hat in solchen Zeiten viel Leben verloren.

Aber ebenso erzählt die Heilige Schrift, dass Gott das Herz seines Volkes immer wieder aufs Neue sucht. Es liegt ihm daran, dass sein Volk ihm – dem Allmächtigen – mit ganzem Herzen vertraut. Darum bildet er auch unsere Herzen nach dem seinen. Das bringt österliches Licht in unser Leben.

Modell 2: Das Geheimnis dieser Heiligen Nacht

Georg Steins

Zum Beginn des Wortgottesdienstes

Liebe Gemeinde!

Christus, das Licht, erhellt diese Heilige Nacht! Wir haben das Lob dieses Lichtes gesungen. Dieses Licht ist für uns Leben und Hoffnung. Nun wollen wir im Glanz des österlichen Lichtes die großen Taten Gottes an seinem Volk betrachten.

Im Hören auf die Texte der Heiligen Schrift, in den Liedern und in den Gebeten, die auf die Schriftlesungen folgen, erfahren wir, wer dieser Gott ist, der so Wunderbares an Jesus Christus getan hat. Und wir erfahren, wie groß das Geschenk ist, das er uns bereitet.

Die Lesungen aus der Heiligen Schrift, aus dem Alten wie dem Neuen Testament, führen uns ein in das Geheimnis dieser Heiligen Nacht.

(Kurze Stille)

Zur ersten Lesung (Gen 1)

Wir beginnen unseren Weg durch die ganze Heilige Schrift auf der ersten Seite der Bibel: In der Schöpfungsgeschichte hören wir, dass Gott von Anfang an aller Finsternis und allem Chaos entgegentritt. Gott schenkt das Licht, von ihm kommt das Leben. Seine gute Schöpfung soll ein Lebenshaus für alles Lebendige sein. Mann und Frau sind von Gott berufen, dieses Lebenshaus zu schützen und zu gestalten.

Zur zweiten Lesung (Gen 22)

Der gute Gott, der Schöpfer des Himmels und der Erde, bleibt ein tiefes Geheimnis. Gott kann für uns Menschen auch dunkel und fremd werden. Davon spricht die folgende Lesung. Gottes Wege sind unergründlich, das musste Abraham erfahren, das erkennen wir an Jesus Christus. Die folgende Erzählung endet mit der Erneuerung und Bekräftigung des Segens. Trotz aller momentanen Dunkelheit dürfen wir darauf vertrauen, dass Gott treu ist, dass er zu seinen Verheißungen steht.

Zur dritten Lesung (Ex 14)

Immer wieder hat Israel erfahren, dass Gott sein Volk aus der tödlichen Bedrohung rettet. Gott führt aus der Unterdrückung in die Freiheit.

Die folgende Erzählung ist weit mehr als ein Bericht über ein längst vergangenes kriegerisches Ereignis. Gott stellt sich entschieden und mit Macht allen entgegen, die das Leben und die Freiheit seiner Kinder bedrohen. Im Sieg über den mächtigen Pharao und über seinen ganzen todbringenden Militärapparat kommt dies zum Ausdruck.

Zur vierten Lesung (Jes 54)
Die folgenden Lesungen aus den Prophetenbüchern rufen die großen Verheißungen Gottes in Erinnerung. Gott verlässt seine „erste Liebe" nicht. Wenn er sich neu schenkt, erfüllt sich die Sehnsucht nach Gerechtigkeit und Frieden.

Die neue Beziehung zwischen Gott und seinem Volk verändert das Angesicht der Erde.

Zur fünften Lesung (Jes 55)
Wir feiern in dieser Nacht die unerhörte Lebenszusage Gottes. Gott lädt uns zu einem Fest ein. Gott lässt sich von dem Menschen finden, der „hungert und dürstet nach seinem Reich". Das ist die Verheißung, die wir in der folgenden Lesung hören.

Zur sechsten Lesung (Bar 3)
Die folgende Lesung ist ein großes und überschwängliches Loblied auf die Einzigartigkeit Gottes. Gott, der alles geschaffen hat, lässt sein Volk nicht allein. Gott schenkt seinem Volk eine Lebensordnung. Mit ihr soll es im Auf und Ab der Geschichte nicht vergessen, wo die Quelle des Lebens ist.

Zur siebten Lesung (Ez 36)
Die folgende letzte Lesung aus dem Alten Testament findet das eindringlichste Bild für das völlig neue Verhältnis Gottes zu seinem Volk. Gott verwandelt den Menschen und schafft ihn neu. Er nimmt das Herz aus Stein und gibt ein Herz aus Fleisch. Nichts mehr soll zwischen Gott und seinem Volk stehen: „Ihr werdet mein Volk sein, ich werde euer Gott sein." Nähe und Vertrauen bestimmen das Verhältnis zu Gott.

Zur Epistel (Röm 6)
Die folgende „Taufpredigt" aus dem Römerbrief erinnert an unsere eigene Taufe. In Christus hat Gott den Tod besiegt. Aus dieser Vorgabe dürfen wir leben. Der Glaube an die Osterbotschaft verändert uns. Als Glaubende werden wir neu geschaffen. Im Glauben können wir „als neue Menschen leben" – „für Gott, in Jesus Christus".

Zum Evangelium (Mt 28/Lesejahr A)
Mit der folgenden Ostererzählung aus dem Evangelium kommt unser Weg durch die Heilige Schrift an sein Ziel.

Die Auferstehung Jesu ist ein ganz und gar ungewöhnliches, ein göttliches Ereignis. Sie erschüttert die Grundfesten der Erde. Und sie bringt die verstörten und trauernden Jüngerinnen und Jünger Jesu in Bewegung: „Geht schnell und sagt: Er ist von den Toten auferstanden ... Und sie eilten voll Furcht und großer Freude, um diese Botschaft zu verkünden."

Zum Evangelium (Mk 16/Lesejahr B)
Mit der folgenden Ostererzählung aus dem Evangelium kommt unser Weg durch die Heilige Schrift an sein Ziel. In der Frühe am Grab erfahren die drei Frauen das Unerwartete: „Ihr sucht Jesus. Er ist auferstanden, er ist nicht hier." Die Frauen werden zu Zeuginnen. Der Auferstandene wird den Jüngern dann dort begegnen, wo alles angefangen hatte – in Galiläa. Das Reich Gottes ist nahe gekommen – in den Worten und Taten Jesu und in Gottes machtvollem Handeln durch ihn.

Zum Evangelium (Lk 24/Lesejahr C)
Mit der folgenden Ostererzählung aus dem Evangelium kommt unser Weg durch die Heilige Schrift an sein Ziel. „Was sucht ihr den Lebenden bei den Toten?" Die Frage der Engel am Grab Jesu fasst die ganze Osterbotschaft zusammen. Der Gott des Lebens steht auf der Seite Jesu. Gott hat Jesus aus Finsternis und Tod gerettet. Jesus steht bei Gott auf der Seite des Lebens. Diese Botschaft ist zunächst unerhört; sie löst Schrecken, Unglauben und Verwunderung aus.

„Es werde ..."
Eine Predigt zur Osternacht (Lesejahr B)
Heinz-Günter Bongartz

Gottes Ziel

„Es werde ..." – das sind die ersten beiden Worte Gottes in der Heiligen Schrift. Gott ist ein Gott des Werdens. Gottes Wort schafft Ordnung, so erzählt es der Schöpfungsbericht. Aus dem Chaos entsteht Leben in sinnvollen Bezügen: Licht und Dunkel, Land und Meer, Tiere und Pflanzen.

Gottes Ordnung hat ein Ziel: das ist der Mensch. Er ist nicht Produkt der Willkür Gottes. Er wird nicht geschaffen zum Zeitvertreib. Er dient Gott nicht als ein besserer Spielball. Als sein Abbild schafft Gott den Menschen. Wenn wir ein kleines Kind anschauen, dann sagen wir oft: ganz der Vater, ganz die Mutter; der Mensch, ganz ähnlich wie Gott, so umschreibt es der Limburger Bischof Franz Kamphaus. Der Mensch ist nach seinem Wesen, verwandt mit seinem Schöpfer. Er ist zur Liebe fähig, für die Gemeinschaft bestimmt, zur Freiheit berufen. Der Schöpfungsbericht erzählt von der „Auferstehung" des Menschen durch Gott aus dem Nichts und aus dem Chaos. Die ersten Seiten der Bibel sind ein „Auferstehungsbericht".

Berufen zur Freiheit

Der Mensch kann gegen die Ordnung Gottes leben. Und die Geschichte des Menschen ist oft eine frei gewählte Unheilsgeschichte. Solche Wege führen in die Gefangenschaft. Israel muss das am eigenen Leib erfahren.

Aber Gott sorgt sich um sein Abbild. Wie bei einem Kunstwerk: Gott hat die Schöpfung und den Menschen in Freiheit und Liebe wie ein Kunstwerk geschaffen. Er modelliert noch einmal neu, was beschmutzt und verunstaltet ist.

Gott kann nicht mitansehen, wie sein Abbild in Ägypten zum Steine-Schleppen degradiert wird. „Ich habe das Elend meines Volkes gesehen!" (Ex 3,7) Gott sieht dort nicht weg, wo der Mensch in die Sklaverei – welcher Art auch immer – gerät. In der Not handelt Gott. Dort, wo sein Abbild durch eigenes Verschulden in die Schieflage der Knechtschaft geraten ist, bringt Gott die Welt wieder ins Lot. Dort, wo der Mensch in den Chaosmächten des Todes zu versinken droht, da tritt Gott erneut als der Schöpfer allen Lebens auf den Plan. Er sorgt für die Säulen, die das neue Firmament der Freiheit tragen und die den Weg öffnen in ein neues Land, in dem Milch und Honig fließen. Dort, wo das Leben der ersten Schöpfung unter die zerstampfenden Füße einer bis auf die Zähne bewaffneten Streitmacht gerät und damit dem sicheren Tod preisgegeben ist, da zeigt sich Gott als Retter. Er greift ein und ermöglicht neues Leben, indem er mitten im zerstörenden Chaos für festen Boden unter den Füßen sorgt.

Gott reißt heraus. Er führt sein Volk in die Freiheit. Exodus, Auszug aus den vielen Gefangenschaften, ist Aufstand für das Leben, ist Auferstehung zur Freiheit, ist neuer Schöpfungsmorgen.

Auferstehen zum Neuanfang

Freiheit ist immer Risiko. Gott ist mit der Freiheit des Menschen sein größtes Risiko eingegangen. Zur Freiheits-Geschichte des Menschen gehört immer wieder „Vergessen". Vergessen, wer Herr im Hause ist. „Herr der Heere ist sein Name", sagt der Prophet Jesaja, „Gott der ganzen Erde."

Der Mensch kann Gott vergessen. Das ist die Konsequenz seiner Freiheit. Doch auch wenn der Mensch Gott vergisst, vergisst umgekehrt Gott den Menschen nicht! „Kann man denn die Frau verstoßen, die man von Jugend an geliebt hat?" Gott vergisst sein Volk nicht. Er fühlt sich mit seinem Abbild wie verheiratet. Wie ein Bräutigam wirbt Gott mit jugendlicher Leidenschaft immer wieder um die Gemeinschaft mit den Menschen.

Auf so einem Fundament kann man stehen: auferstehen aus der Schuld. Auferstehen zu einem Neuanfang. Die Prophetie des Jesaja ist eine Auferstehungsgeschichte, ist wiederholte Schöpfung.

Jesus Christus: Leben ohne Tod

Diese Suche Gottes nach dem Menschen kennt für uns Christen ein konkretes Gesicht: Jesus Christus. Er ist das wahre Abbild Gottes. Bei ihm blitzt wieder auf, wie sehr Gott für das Werden der Schöpfung einsteht.

Aber wieder das alte Lied: Der Mensch treibt es mit ihm „auf die Spitze", bis auf den Hügel von Golgota. Wie soll man jetzt glauben, dass Gott an seinem Abbild festhält?

Die Frauen gehen zum Grab, so erzählt uns Markus die Ostergeschichte. Für sie ist die Hoffnung verloren, dass alles noch gut werden kann. Es war mal anders. „Es wird schon werden ...", sagen wir manchmal. Aber hier ist nichts mehr zu machen. Das Geschehen vom Karfreitag hat alle Zukunft begraben.

Darum wollen die Frauen wenigstens die Erinnerung einbalsamieren. Wenigstens das konservieren, wofür einmal das eigene Herz geschlagen hat. Doch dieses Herz ist nun schwer geworden – so schwer wie der Stein, der das Grab, und damit den Zugang zur Hoffnung, verschlossen hält. Am Grab ist der Stein weggerollt. Die Frauen begegnen dem Engel:

> Ihr sucht Jesus von Nazareth! Er ist auferstanden, er ist nicht hier! Er geht euch voraus.
> (Vgl. Mk 16,6–7)

Markus erzählt, dass die Frauen beim Anblick des leeren Grabes in die Krise geraten. Diesen nächsten Vers verschweigt uns die Leseordnung. Er ist aber für das Verständnis des Geschehens unverzichtbar:

> Da verließen sie das Grab und flohen; denn Schrecken und Entsetzen hatte sie gepackt. Und sie sagten niemand etwas davon; denn sie fürchteten sich!
> (Mk 16,8)

Wir deuten die Erfahrung der Auferstehung oft in einem warmen und angenehmen Licht. Wir sprechen dort von Auferstehungserfahrungen, wo etwas gelingt, wo dem Zerstörerischen Einhalt geboten wird, wo Friede und Glück sind. Ein modernes Kirchenlied textet so:

> Manchmal feiern wir mitten im Tag ein Fest der Auferstehung.
> Stunden werden eingeschmolzen und ein Glück ist da.
> Manchmal feiern wir mitten im Wort ein Fest der Auferstehung.
> Sätze werden aufgebrochen und ein Lied ist da.
> Manchmal feiern wir mitten im Streit ein Fest der Auferstehung.
> Waffen werden umgeschmiedet und ein Friede ist da.
> Manchmal feiern wir mitten im Tun ein Fest der Auferstehung.
> Sperren werden übersprungen und ein Geist ist da.

Das Lied beschreibt bergende Erfahrungen, die zur inneren Seligkeit werden. Es spricht von gelungener Kommunikation, die in die Freiheit führt. Es nennt geglückte Begegnungen, aus denen ein neuer Anfang wird. Und es hofft auf kreatives Handeln, das menschliche Barrieren abbaut und ein neues Miteinander ermöglicht. Im Glauben gedeutet, sagen wir mit dem Lied dann gerne: Ja, hier mitten im Alltag hat Auferstehung stattgefunden.

Das Erschrecken der Frauen am Grab zeugt aber davon, dass Auferstehung noch mehr bedeutet. Ihre Furcht und ihr Zittern lassen darauf schließen, dass sie mit einer zuvor so noch nicht gekannten Wirklichkeit in Berührung gekommen sind.

> Wir wissen, dass Christus, von den Toten auferstanden, nicht mehr stirbt, der Tod hat keine Macht über ihn!
> (Röm 6,9)

Wir kennen nur Leben verwoben mit dem Tod.[39] Der größte Diktator und der zäheste Athlet sind dem Tod preisgegeben. Aber hier am Grab erfahren die Frauen: Bei Gott gibt es ein Leben ohne Tod. Das ist für uns Menschen mit unserer irdischen Verwurzelung unvorstellbar.

Die Frauen stoßen an die Welt Gottes, die sie mit ihrem Denken und Fühlen nicht mehr einholen können. Ja, sie kommen mit dem Wesen Gottes in Berührung, mit seiner Kraft, die Neues werden lässt. Hier liegt die Ursache für das Erschrecken: Die

Frauen erfahren das Wunder Gottes. Sie erkennen, auf welch vielfältige Weise er dieses „Es werde ..." sprechen kann.

„Es werde Leben ohne Tod." Gott lässt sich am Auferstehungsmorgen in die Karten schauen. Für einen Moment leuchtet es den Frauen auf: Gott schenkt Leben ohne Tod. Gottes neues Schöpfungswort der Auferstehung überrollt alles, was wir vom Leben verstanden haben: „Was sucht ihr den Lebenden bei den Toten" (Lk 24,5).

Das ist der Tag, den der Herr gemacht hat

Wie soll man diese Erfahrung weitersagen? Dafür fehlen die Worte. Wir wissen, es ist bei den Frauen nicht beim Entsetzen geblieben – sonst würden wir heute nicht Ostern feiern. Aber ihr Erschrecken und Entsetzen bewahren uns davor, die Auferstehung mit unseren Maßstäben vom Leben zu messen.

Unsere Antwort ist gleichsam ein sprachloses, auch erschreckendes Verstummen vor dem überwältigenden und nicht verstehbaren Wunder des Lebens – sowie ein euphorisches und freudiges, aus der Mitte des Herzens kommendes österliches Halleluja. Beides gehört zusammen.

„Es werde ..." das sind die ersten Worte Gottes. „Es werde Leben ohne Tod!", das werden seine letzten Worte sein. Für diese Verheißung können wir den Gott des Lebens nur noch loben und preisen. Das Gebet des Psalmisten trifft dabei den richtigen Ton:

> Dies ist der Tag, den der Herr gemacht hat, lasst uns frohlocken und seiner uns freuen!
> (Ps 118,24)

Die Zwei unterwegs

Emmausgeschichte und Abrahams Opfer – Eine Meditation

Georg Steins

Die Erzählung Lk 24 über die zwei Jünger auf dem Weg von Jerusalem nach Emmaus (und zurück!) ist für mich – neben der Szene im Johannesevangelium mit dem kurzen unvergleichlichen Wortwechsel zwischen „Maria“ und „ihrem Meister“ – die schönste Ostergeschichte der Evangelien. Wenn ich mich frage, warum das so ist, fällt mir die Lebensnähe, die Er-Lebensnähe dieser Geschichte ein: Es ist alles so, wie wir es kennen: der Wechsel der Stimmungen, das Gehen, das Stehen-Bleiben und das Reden, das Einkehren und auch das Hören auf die Schrift und das gemeinsame Mahl.

Der Ostermontag und diese Geschichte sind bei mir – wie auch im liturgischen Gedächtnis der Kirche – untrennbar verbunden. Solche festen Verknüpfungen sind hilfreich. Sie geben uns die Möglichkeit, uns immer tiefer in die Liturgie hineinnehmen zu lassen, die so zu einer Art „spirituellem Mantel“ wird. Sie können aber andererseits auch dazu führen, in eine Art „schlafwandlerischen Zustand“ zu geraten und im Vertrauten das Herausfordernde zu übersehen. Im Umgang mit der Bibel hilft es mir da, den Texten in einer weniger vertrauten Übersetzung noch einmal Schritt für Schritt nachzugehen, ja sie fast „durchzubuchstabieren“.

Lukas erzählt uns eine Weggeschichte: Der Weg geht von Jerusalem nach Emmaus, dem Ziel- und dem Wendepunkt, und zurück nach Jerusalem. Unterwegs sehen wir zwei Jünger Jesu – einer hat einen Namen, der andere bleibt namenlos. Mit dem zweiten Jünger kann im übertragenen Sinn wohl jede und jeder gemeint sein. Wir sind so mit eingeschlossen.

Das Gespräch mit dem hinzukommenden Dritten macht deutlich, dass beide Jünger in der tiefsten Krise ihres Lebens stecken. Es ist keine der üblichen Enttäuschungen. Diese Krise ist eine Glaubenskrise, ja schärfer noch: eine Gotteskrise. Für sie ist die Erwartung auf Erlösung, auf Rettung durch Gott, enttäuscht worden. Die Verheißung des Mose und der Propheten – dahin! Wertlos! Widerlegt! Erledigt! Mit dem Tod Jesu haben sie nicht nur ihren Meister verloren. Sie haben Gott verloren!

Der Gang nach Emmaus – aus der Heiligen Stadt in ein Dorf – ist kein entspannender „Nachmittagsspaziergang“, sondern der Weg der verabschiedeten Hoffnung.

Mit dem Hinzutreten Jesu wird für uns deutlich, dass noch nicht alles aus ist. Die zwei Jünger in der Geschichte haben dieses Wissen noch nicht. Von diesem Punkt an nehmen wir als Hörer also eine Doppelrolle ein. Wir *gehen* mit den beiden, und wir *betrachten* die beiden wie auf einer Bühne. Wie gelangen die zwei Jünger zu dem Wissen, das wir jetzt schon haben? Oder ein wenig anders gefasst: Wie kommen das „Glaubenswissen“ (eigentlich ein merkwürdiges Wort) und das so oft vom Verlust der Verheißungen beschwerte Leben zusammen? Oder noch einmal anders: Was nützt denn die Theologie von der Gegenwart des Auferstandenen, wenn die alltägliche Nähe des Umgangs mit „dem Meister" verloren gegangen ist?

An diesem Punkt hilft keine Theorie mehr. Jetzt hilft nur noch der Verweis auf die Beziehungsqualität. Sie ist der Ursprung dessen, was theologisch etwas nüchtern und vielleicht abgegriffen „Sakrament" genannt wird: die gestiftete Beziehungswirklichkeit, in der wir sind und leben können und die wir nicht mit unseren eigenen Mitteln machen.

An zwei kleinen Marken des Textes – sie sind leicht zu übersehen – drückt sich das Vermissen der Jünger aus. Es sind auch die Punkte, an die der unerkannte Begleiter der beiden Jünger anknüpft.

Der *erste* Punkt: In der Übersetzung von Fridolin Stier heißt es nicht einfach in neutraler Beschreibung: „Heute ist schon der dritte Tag". Stier hebt vielmehr heraus, dass Jesus das Subjekt der Zeitangabe ist. Bei ihm heißt es wörtlich: „Er, Jesus, lässt nun schon den dritten Tag hingehen." Und jeder weiß aus der Schrift, was das bedeutet, wenn am dritten Tage nichts passiert! Sind die zwei Jünger nicht auch deshalb aus Jerusalem fortgegangen!? Und der *zweite* Punkt: Am Grab Jesu gab es einige Aufregung. Jesu Jüngerinnen und Jünger sind irritiert. Sein Leichnam ist nicht zu finden.

Es ist dieses doppelte „Nicht" – es ist doch der dritte Tag, und *nichts* passiert; und von Jesus *keine* Spur –, das der unerkannte Begleiter aufnimmt und im Horizont der Beziehungswirklichkeit der Schriften Israels deutet. Hinterher müssen die Jünger gestehen, dass ihnen das Herz brannte, weil er ihnen erschloss, was doch schon längst gesagt war.

Aber offensichtlich reicht das noch nicht, um wirklich zu verstehen und um die neue Nähe Jesu wahrzunehmen. Es fehlt die ganz persönliche „Note", die erst die Augen öffnet und sehen lehrt. Ein kleines, gewöhnliches Zeichen ist dann die „Gedächtnisspur" Jesu: sein Lobpreisen und Brotbrechen. Jetzt fügt sich plötzlich alles zusammen. Jetzt ist die Lücke geschlossen. Jetzt ist Jesus auch für die beiden Jünger in der Erzählung da.

Und so ist er dann auch für uns da, denn wir gehen ja – in einer der beiden genannten Perspektiven – den Weg der beiden mit. Der Auferstandene ist „für uns" da in den Schriften Israels und in seiner „Tischsitte". So und nur so kann aus dem Wissen Erfahrung werden: Beziehungswirklichkeit, freundschaftliche Nähe, tröstende Gegenwart. Das ist der Weg: vom Wissen – über das Eingeständnis des Verlustes und des schmerzlichen Vermissens – zur Erfahrung. Wissen ohne Erfahrung macht zwar klüger, aber es rettet nicht aus der Gottverlorenheit. Das erfahren nicht nur diese beiden auf ihrem Weg.

Es gibt für mich noch eine andere Ostergeschichte, die mir in ihrer theologischen Tiefe und Hintergründigkeit sehr wichtig geworden ist. Es ist die zweite – leider nur sehr selten vorgetragene – Lesung der Osternacht aus dem 22. Kapitel des Buches Genesis. Sie erzählt bezeichnenderweise auch eine Weggeschichte. Sie beschreibt die Erfahrung dessen, der lange vor den Emmausjüngern seinen schweren Gang tat – einen Drei-Tage-Weg nach Jerusalem, *„in terram visionis"* („in das Land des Sehens"), wie Hieronymus in der lateinischen Bibelübersetzung, der Vulgata, den geheimnisvollen Ort umschreibt, zu dem Abraham und Isaak – diese zwei – unterwegs sind (vgl. Gen 22,2). Schon einmal, ganz am Anfang der Geschichte Gottes mit seinem Volk also, ging einer hin, sehen zu lernen – und zu lernen, dass die Gotteskrise, der Verlust Gottes, zum Ort des Sehens Gottes werden kann (vgl. Gen 22,14).

Beide Geschichten – die von Abraham, Isaak und dem Boten Gottes aus der Osternacht und die der Jünger mit dem Auferstandenen auf dem Weg nach Emmaus vom Ostermontag – gehören zusammen. Sie bilden fast so etwas wie eine biblischliturgische Klammer um den Ostersonntag, an dem es im Evangelium wie beiläufig von dem einen Jünger heißt: „Er *sah* und glaubte" (Joh 20,8). Sie erzählen von Wegen, die damals wie heute zu gehen sind. Sie erzählen, was Gott getan hat und tut – und „*wie* er ihnen – und uns! – kenntlich wird": *Auf den Wegen von und nach Jerusalem geschieht österliches Sehen!*

Liturgie und Diakonie

Impulse aus der Feier des österlichen Triduums

Marianne Heimbach-Steins / Georg Steins

„Im Zentrum des Gottesdienstes steht nicht unsere Aktivität, sondern Gottes befreiende Tat, die in und durch Jesus Christus gegenwärtig wird."[40] Nirgendwo wird dies deutlicher als in der liturgischen Feier der drei österlichen Tage. Die Feier des „Gastmahls seiner Liebe" (Tagesgebet zur Abendmahlsmesse), die Erinnerung des Leidens und Sterbens Jesu in der Feier des Karfreitags und schließlich die feierliche Erinnerung des Befreiungshandelns Gottes von der Schöpfung bis zur Auferweckung seines Sohnes in der Vigilfeier der Osternacht – diese große dreigliedrige Feier des Pascha-Mysteriums verweist die Christinnen und Christen auf Gottes befreiende Tat, die in und durch Jesus Christus gegenwärtig wird. Die Kirche feiert sie als Ermächtigung zu einem Leben aus der Kraft Gottes, d.h. zur Weitergabe der empfangenen Gnade, des empfangenen Lebens.

So gesehen ist das österliche Triduum die Quelle der Einheit von Liturgie und Diakonie.[41]

Der Zusammenhang von Liturgie und Diakonie

„Die Christen können nicht das Brot am Tisch des Herrn teilen, ohne auch das tägliche Brot zu teilen."[42] Das Teilen des Brotes am Tisch des Herrn ist die Mitte des christlichen Lebens. Von Jesus Christus und in seinem Namen lassen sich Christinnen und Christen versammeln und zur Mitfeier des Herrenmahles einladen – „Nehmt und esst". In dieser Feier erfahren sie sich als Schwestern und Brüder Jesu Christi. Er teilt sein Leben mit, und in der Teilhabe am Leben des Herrn vollzieht sich das Leben der Christinnen und Christen. In der Feier der Liturgie begegnen die Mitfeiernden je neu der Botschaft, die ihr Leben, ihr Handeln, ihr Sein mit und für andere orientieren kann und soll. Die Versammlung um den Tisch des Wortes in jeder Liturgiefeier wie die Versammlung zum eucharistischen Mahl bilden so die zentrale Quelle der Ausrichtung christlicher Praxis.

Dementsprechend betont die römische Bischofssynode von 1971 die Bedeutung der Liturgie als Quelle der Erziehung zur Gerechtigkeit: „Die Liturgie, die das Herz der Kirche ist ..., kann viel beitragen zur Erziehung zur Gerechtigkeit. Ist sie doch die Danksagung an den Vater in Christus, zeigt in ihrem Gemeinschaftscharakter unsere brüderliche Verbundenheit und erinnert uns immer wieder daran, was der Auftrag der Kirche ist. Wortgottesdienst, Katechese und Feier der Sakramente führen uns immer wieder zurück zur Lehre der Propheten, Jesu Christi und der Apostel über die Gerechtigkeit. Die Taufvorbereitung macht den Anfang mit der christlichen Gewissensbildung. Die Bußpraxis soll die soziale Dimension der Sünde und des Sakramentes vor Augen stellen. Die Eucharistie endlich stiftet Gemeinschaft und entsendet sie zum Dienst an den Menschen."[43]

So wie die Liturgie für Christinnen und Christen Quelle diakonischen Handelns ist, so braucht diese ihrerseits aber auch den lebendigen Zusammenhang mit diakonischer Erfahrung und Praxis. Der Zusammenhang muss wechselseitig sein: „Die Feier der Liturgie verfällt rasch zu einem vordergründigen und oberflächlichen Tun, wenn sie nicht praktische Konsequenzen für das Leben der Christen hat. Die Liturgie muss in Texten, Zeichen und Riten hinführen zur Diakonia, soll das Gefeierte Konsequenzen im alltäglichen Leben haben. Nur eine Liturgie, die zu Handeln und Lebenspraxis hinführt, entgeht ... der Gefahr der Weltferne und Vertröstung. Zum anderen verliert auch das soziale Handeln der Christen bald sein eigenes Gesicht, wird es nicht immer neu durch die Liturgie mit den Wurzeln des Glaubens verbunden. Die christliche Diakonia braucht in all ihren institutionalisierten und nicht institutionalisierten Formen die Rückbindung an die Feier des Glaubens, will sie ihr christliches Proprium bewahren und auch zur Geltung bringen können."[44]

Die Suche nach diesem „Proprium", dem Eigentlichen christlicher Diakonie kann nicht allein eine Frage der Theorie und der akademischen theologischen Reflexion sein. Vielmehr muss es dort zur Erfahrung werden, wo es greifbar ist – in der Liturgie selbst. Und nirgendwo begegnet es den Feiernden so dicht wie in der Liturgie der Kar- und Ostertage.

Gottes rettende Gerechtigkeit

Die Feier der drei österlichen Tage nimmt uns, die Feiernden, hinein in Gottes Handeln zur Rettung der Verlorenen. Wie jeder Gottesdienst verweist diese Feier nicht nur auf etwas, das außerhalb ihrer selbst liegt. Sie eröffnet vielmehr selbst schon den Raum der Erfahrung der Güte Gottes. Das ist gemeint, wenn in diesem Zusammenhang von „Sakrament" gesprochen wird. Der Raum der Erfahrung von Gottes Zuwendung, in den die Feiernden eintreten, ist vieldimensional: Er erfasst in gewisser Weise alles, also die gesamte Schöpfung – und auch das, was sich von Gott abgekehrt hat und deshalb verloren zu gehen droht.

Die *Text*ebene dieses liturgischen Raumes – nur um sie soll es im Folgenden gehen – wird in der Feier des österlichen Triduums konstituiert durch ein ungewöhnlich dichtes Geflecht von Gesängen, Gebeten, „Sondertexten" wie dem Exsultet, dem Taufwasserweihegebet u.a. und natürlich den Schrifttexten. Deren jeweilige Bedeutung ist an der reflektierten Auswahl und dem besonders breiten Raum, den sie in dieser Feier einnehmen, ablesbar.

Das dichte Gewebe dieser Fäden lässt sich hier nicht annähernd darstellen. Selbst das Leitmotiv der Diakonie, auf das sich die Aufmerksamkeit konzentrieren soll, ist nicht vollständig zu beschreiben. Es muss bei ausgewählten Aspekten des Themas bleiben, die sich um die zitierte Perspektive aus dem Dokument der römischen Bischofssynode von 1971 gruppieren: die „Erziehung zur Gerechtigkeit".

Im biblischen Zusammenhang ist Gerechtigkeit nicht zuerst ein juridischer Begriff. Gerechtigkeit wird auch nicht, wie das Stichwort der „Erziehung“ nahe legen könnte, ethisch verstanden. Vielmehr ist „Gerechtigkeit“ ein elementar theologischer Begriff – vielleicht sogar der zentrale Begriff für die große Bewegung der Rettung, welche die Bibel von der ersten bis zur letzten Seite beschreibt. Den elementaren Charakter der „Gerechtigkeit“ für die biblische Gottesrede zu erfassen, fällt bisweilen schwer, weil Gerechtigkeit in der Regel nicht in diesem umfassenden theologischen Sinn wahrgenommen wird. Ein großer Teil der – so oft erfahrenen und beklagten – Welt- und Lebensferne christlichen Glaubens resultiert wohl aus dem Verlust dieses elementaren Zusammenhangs.

Martin Buber findet eine treffende Veranschaulichung für den grundlegenden Charakter von „Gerechtigkeit“ im biblischen Denken. Buber schreibt: „Es geht um eine Nachahmung Gottes, und zwar um der menschlichen Auswirkung seines Wirkens willen. Die Gerechtigkeit strömt vom Himmel nieder und will nun auf Erden, durch das Medium des Erdenmenschen, des Erdenvolks, fortströmen wie die Wasser, zwar in all den Brechungen und Spaltungen, die sie durch das Endliche, das Unzulängliche erfährt, dennoch unversieglich, wie eine urständige Bachflut. Das Menschenvolk aber versagt sich dem Gottesstrom, sie weigern sich, ihn ins Leben einrieseln zu lassen, so dass die Wasser sich stauen, bis sie zerstörend niederstürzen und die Gerechtigkeit zum Gericht wird.“[45]

Die österlichen Tage feiern Gottes schöpferische Macht – in der ersten Schöpfung und in seiner Neuschöpfung. Dies ist gewissermaßen der große Deuterahmen der gesamten Liturgie.

Seine besondere bibel- und liturgietheologische Einfärbung erhält dieser Rahmen aber durch das Stichwort der „Gerechtigkeit Gottes“: Gott und der Erweis seiner Gerechtigkeit – das ist der Glutkern der gesamten Schrift. Von hier bezieht alles Feuer in den Worten seine Kraft, hierher rühren der Schmerz und die Freude, von denen so viele Stimmen in der Bibel zu singen und zu erzählen und die sie zu proklamieren wissen.

„Wir aber soll’n uns rühmen im Kreuz des Herren ...“

Die Ouvertüre des österlichen Dreitags beginnt mit einem Paukenschlag. Leider darf dieser kaum erklingen, weil der Eröffnungsgesang der Messe vom Letzten Abendmahl vielerorts durch ein Lied ersetzt wird.

So geht ein Text verloren, der das Triduum überwölbt und zu einer Einheit zusammenbindet und der den Sinn der Feier in dichter Form beschreibt: unsere „Ganzwerdung“, unser Leben und unsere Auferstehung. In der lateinischen Originalfassung lautet der Text:

Nos autem gloriari oportet
in cruce Domini nostri Jesu Christi:

in quo est salus, vita, et resurrectio nostra:
per quem salvati, et liberati sumus.[46]

Die offizielle Übersetzung lautet:

Wir rühmen uns des Kreuzes unseres Herrn Jesus Christus.
In ihm ist uns Heil geworden und Auferstehung und Leben.
Durch ihn sind wir erlöst und befreit.

Das Geschehen der Neuschöpfung, das die drei Worte „Heil – Auferstehung – Leben" beschreiben, ist das Ziel eines „auslösenden und befreienden", also eines „politischen" Handelns Gottes und so Ausdruck der göttlichen Gerechtigkeit. Wie sehr diese Gerechtigkeit unter den Bedingungen der Welt fraglich und fragil ist, wird mit dem Hinweis auf das Kreuz angedeutet. Der Introitus spricht „uns", die Liturgiefeiernden, an und fordert uns zum Dienst des Rühmens der Taten Gottes in Christus auf.

Welche Fülle an Perspektiven verschränkt sich in diesem gemeinhin so wenig beachteten Eröffnungsgesang! Das gesamte Triduum lässt sich – etwas überspitzt gesagt – als Auslegung und Bewahrheitung dieses einen Satzes lesen und feiern. Der Introitus umreißt auf der Textebene den Deutehorizont des Triduum, und schon deshalb lohnt es sich, bei diesem etwas zu verweilen: Es geht um die Rettung *unseres* Lebens im *göttlichen* Selbsteinsatz.

Es läge nun nahe, jedes der großen Wörter aus dem Introitus aufzunehmen und die – in Wiederaufnahmen und Anspielungen sich entspinnenden – Fäden durch die Texte des österlichen Dreitages zu verfolgen. So erschlösse sich im Nachgehen der vielen Wege ein Kosmos an Deutung und Bedeutung. Wir wählen ein abgekürztes Verfahren und greifen einige weitere markante Kreuzungspunkte heraus, an denen Sinnfäden zusammentreffen und die Gottesgerechtigkeit in besonders dichter Weise zum Ausdruck kommt.

„Wo die Güte und die Liebe ..."

Zur Feier der *Abendmahlsmesse* gehört ein Gesang, der in der liturgischen Praxis an verschiedenen Stellen vorgetragen werden kann. Diese Variabilität in der Platzierung zeigt, dass hier der Tenor der Feier genau erfasst ist: Das „Ubi caritas et amor, Deus ibi est" / „Wo die Güte ..." kann einerseits als Explikation des „neuen Gebotes" (vgl. Joh 13,34) die *Fußwaschung* – „Mandatum/Auftrag" genannt – begleiten. Es hat auch einen sinnvollen Platz bei der *Gabenbereitung*, insofern es die Selbstübergabe der Feiernden in die Liebe Christi hinein widerspiegelt. Ebenso sinnvoll ist es als Ausdruck der lebensprägenden Veränderung durch die Begegnung mit dem Herrn in der *Kommunion*. Es wird daher auch häufig nach der Kommunion gesungen.

Thema des „Ubi caritas" ist die „Verortung" der Gegenwart Gottes in der Gemeinschaft der Menschen, die des unbegreiflichen Geschenks der Liebe Christi ansichtig geworden sind. Interessant ist jedoch, wie diese Verortung geschieht: Die Gegenwart Christi wird nicht distanziert betrachtet oder „erbaulich“ genossen, sondern durch und durch praktisch und sozial – man könnte auch hier wieder sagen: „politisch“ bestimmt, denn es geht um ein zentrales politisches Problem, die Überwindung der Gewalt. Diese erfolgt durch die Neubestimmung der Mitte. Alles in dieser Gemeinschaft ist ausgerichtet auf den ohnmächtigen, schwachen und leidenden Herrn:

> Es fliehe der Streit, böser Hader entweiche;
> in unserer Mitte wohne der Herr.

Diese „politische“ Liebe greift um sich und verwandelt auch das Außen der Gesellschaft, den „Feind“. Der Gesang pflegt keine abstrakte Rhetorik der Hingabe, die leicht zu allen möglichen politischen Zwecken missbraucht werden könnte – und am Ende nichts Neues entstehen lässt, sondern das Alte befestigt. Die hier gemeinte Liebe zielt auf präzise Bestimmungen einer neuen gesellschaftlichen Ordnung. Der ethische Imperativ ist Ausfluss einer bereits geschehenen Veränderung der gesellschaftlichen Ordnung in der Gemeinde der Menschen, die teilhaben durften an der Liebe Christi. Nur so wird die Gefahr von Überforderung und Verlust des Selbst in der „frommen“ Hingabe abgewehrt.

Nichts hindert die Feiernden, im „Feind“ dieses Liedes auch den „Tod“ als die größte Bedrohung des menschlichen Zusammenlebens zu sehen: der Tod nicht nur als Ende und als (oft so brutal erlebter) Verlust, sondern als tiefster Grund der Lebensangst, die Menschen in Ichsucht, Habgier und Machtwahn treibt. So gelesen ist das „Ubi caritas“ bereits das Osterlied der Befreiten und Geretteten.

An den verschiedenen Knotenpunkten scheint auf, wie sehr die verschiedenen Etappen der Feier von Gründonnerstag bis Ostern eine Einheit bilden: den einen österlichen Dreitag. Für die Gestaltung der Feier(n) ist dies unbedingt zu beachten, damit nicht der Vollklang des Erlösungsgeschehens verloren geht.

Das Mitleiden des Hohenpriesters (Hebr 4)

Die Feier vom Leiden und Sterben Christi am *Karfreitag* wird vor allem geprägt durch die großen Texte der Passionserzählung und der Fürbitten, dazu durch den schlichten Gestus der Verehrung des Kreuzes. Andere Texte bleiben etwas im Schatten, aber auch sie können ins Zentrum führen und die spirituelle Tiefe der Feier eröffnen. Mit einer kleinen Wendung aus der zweiten Lesung (Hebr 4,14–16; 5,7–9) wird die Feier vom Leiden und Sterben Christi als Feier vom *Mit*leiden Christi ausgedeutet:

> Wir haben ja nicht einen Hohenpriester,
> der nicht mitfühlen könnte mit unserer Schwäche,
> sondern einen, der in allem wie wir

in Versuchung geführt worden ist,
aber nicht gesündigt hat.
(Hebr 4,15)

In wörtlicher Übersetzung ist von der „Sympathie“, dem „Mit-Leiden“ Jesu „mit unseren Schwachheiten“ die Rede. Der zweite Teil der Lesung beschreibt das Leiden Christi so eindringlich, wie es sich millionenfach wiederholt hat und immer noch wiederholt: das laute Schreien, die Tränen, das Ringen und Flehen – kurz: alle elementaren Äußerungen der Not und Angst kommen zur Sprache. Er, der Sohn, der den Weg durch die Schwachheit vollends durchschritten hat, kann zum Weggefährten auf dem Weg durch finstere Schluchten und das Todesschattental (vgl. Ps 23) werden.

Die leidvolle Außenseite von Gottes Schöpfungsarbeit wird am Karfreitag thematisiert. Es gibt keine Gerechtigkeit ohne das Durcharbeiten des Widerständigen, Gott-Fremden und Gott-Feindlichen – im Leben der Einzelnen wie in sozialen Zusammenhängen. Das ist die Mystagogie des Karfreitags. Die Gerechtigkeit, man könnte auch sagen: Heiligkeit Gottes ist – von uns aus gesehen – immer das zutiefst und zuinnerst unter Tränen, Schmerz und Klagen Verwandelte.

„Dies ist die Nacht!“

Im *Exsultet* der Ostervigil wird das Thema der rettenden Gerechtigkeit vielfach aufgenommen und ausgestaltet. Die im Exsultet besungenen Rettungsgeschichten, die sich in der Rettung des Einen aus dem Tode verdichten, werden in die Gegenwart der feiernden Gemeinde hineingestellt: „Dies ist die Nacht ...!“ Im Exsultet findet der Zusammenhang von Gottes (neu-)schöpferischer Tat und der Feier der Glaubenden seinen dichtesten sprachlichen Ausdruck. Es zeigt damit auch eine Gestalt, die über die aktuelle Zeit der Liturgiefeier hinaus die Feiernden bestimmen kann und will. Anders gewendet: Rettung ist kein Ereignis der Vergangenheit, sonst könnte sie uns nicht wirklich im Innersten betreffen. Rettung – das ist die Lebensgestalt der Glaubenden. Der diakonische Charakter liegt auf der Hand. Glaubende nehmen die Welt aus dieser Perspektive wahr. Diese steht unter dem Signum des „Dies ist die Nacht“.

Von den vielen dichterisch ansprechenden Gestaltungen dieses komplexen Zusammenhangs, dem sich das Exsultet in immer neuen Anläufen zuwendet, greifen wir nur eine heraus. Sie verdient auch deshalb Beachtung, weil sie in der offiziellen deutschen Übersetzung – aus welchen Gründen auch immer – nicht aufgenommen worden ist. Die Reihe der „Dies ist die Nacht“-Proklamationen wird unterbrochen durch fünf O-Rufe. Der erste, nicht übersetzte Ruf, lautet:

O mira circa nos tuae pietatis dignatio!

Die dichte Formulierung bereitet der Übersetzung des Exsultet Schwierigkeiten. Norbert Lohfink gibt den Ruf in seinem Entwurf einer Neuübersetzung wieder mit: „O wie du dich über uns neigst in staunenswertem Erbarmen!"[47] Der Ruf reagiert auf den Erweis der göttlichen „pietas" und nimmt damit das Gotteshandeln als Liebe, Anhänglichkeit, Solidarität, Gerechtigkeit und Mitleid in den Blick. All diese „Beziehungstermini" klingen auch in dem biblischer Sprache entlehnten „Erbarmen" mit. Mit „pietas" ist jenes Neue umschrieben, das Gott in seinem Tun an Jesus Christus der Welt einstiftet – zur Überwindung ihrer Todverfallenheit. Mit „pietas", die in der Antike auch die Gerechtigkeit der Götter bezeichnen kann, ist eine rettende „Beziehungsqualität" Gottes umschrieben. Sie ist jenes Moment, das ihn antreibt, die dem Tode verfallene Welt zu retten.

Die „pietas" der Gemeinde nimmt dies auf, und zwar nicht nur in der Hinwendung zu Gott. Sie vollzieht vielmehr die „Staunen erregende Zuneigung" Gottes zu den im Exsultet mehrfach benannten Gefesselten und Schuldigen, die auf ihre Auslösung warten, nach. Das Doppelgebot der Liebe findet hier seinen Einheitspunkt, denn es geht nicht um eine Addition der Liebe zu Gott *und* der Liebe zu den Menschen (und zu sich selbst). Die Bewegung der Liebe ist *eine*, sie nimmt die Liebe Gottes zum Verlorenen auf und ist darin auf beide gerichtet – auf Gott und die Menschen.

Es gibt das weit verbreitete Missverständnis, den Reigen der *sieben alttestamentlichen Lesungen* als bloße Vorbereitung und Hinführung zum Evangelium zu interpretieren. Aber der auf der ersten Seite der Bibel beginnende Gang durch Gottes Geschichte mit der Welt und den Menschen ist im Horizont der Lichtfeier und des Exsultet eine groß angelegte intertextuelle Auslegung der Auferstehungsbotschaft: „Christus ist glorreich erstanden vom Tod. Sein Licht vertreibe das Dunkel der Herzen." Mit diesen Worten wird der erste Teil der Lichtfeier am Feuer beendet. Alles Weitere ist eine Ausfaltung dieser Osterbotschaft. So lässt sich bereits die erste Lesung (Gen 1) als Osterbotschaft lesen: Gottes Licht gegen das tödliche Chaos; und das Evangelium am Ende des langen Weges durch die Heilige Schrift erschließt sich seinerseits als (Neu-)Schöpfungsgeschichte.

Das „neue Herz" (Ez 36)

Die letzte alttestamentliche Lesung spitzt die Osterbotschaft anthropologisch zu, nimmt damit die Lesung aus dem Römerbrief – „Wandelt in der Neuheit des Lebens" (Röm 6,4, wörtlich) – vorweg und präludiert die Tauffeier, also den dritten Hauptteil der Osternachtliturgie. In der Lesung aus Ez 36 wird die endzeitliche Erneuerung des Gottesvolkes als erneute Sammlung und Heimführung beschrieben, wobei diese allerdings das Frühere überbietet. In einer Doppelaussage (Ez 36,26f) ist von der Neuschöpfung Israels die Rede: Gott gibt ihm ein neues Herz, einen neuen Geist. Bildhaft: Das Herz aus Stein wird ersetzt durch ein lebendiges Herz aus Fleisch. Anders: Gott gibt seinen Geist in das Innere der Israeliten. „Herz" und „Geist" erklären sich gegenseitig. Der Geist ist wie das Herz das Willens- und Aktionszentrum des Menschen. Die dichte bildhafte Form drückt aus, dass Gott seinem Volk so nahe kommt und es in seinem Innersten so umwandelt, dass er selbst zu seiner alles bestimmenden Mitte wird. Dann ist es auch keine Frage mehr, dass Israel den Heiligungswillen Gottes verstehen und leben kann. Die den Heiligungswillen Gottes aufnehmende Praxis des Gottesvolkes ist die Art und Weise, die Nähe Gottes zu erfahren und alles in diese Nähe hineinzuziehen.

„Halleluja“

Die gesamte Osternachtfeier lässt sich in diesem einen, immer in der Ursprache beibehaltenen Lobruf zusammenfassen: Hallelu-Jah! Seine Stellung erhellt sich nicht zuletzt aus der Melodik, in der dieser Ruf in der Osternacht zum ersten Mal erklingt. Die Melodie des dreifach gesteigerten Rufes vor dem Evangelium ist unter den gregorianischen Choralgesängen einmalig. So ist dieser Gesang der Höhepunkt unter den Gesängen der Osternacht, der das analogielos Neue auch auf der Ebene der Musik einholt und in diese eingehen lässt. Das Gotteslob ist „intensivster Lebensvollzug“ (Erich Zenger). Der Lobruf der Gemeinde ist ein dichter Ausdruck des neuen Status: Wer so singen kann, ist bereits vom Tod zum Leben hinübergegangen (vgl. 1 Joh 3,14). „Loben ist die dem Menschen eigentümlichste Form des Existierens. Loben und nicht mehr loben stehen einander gegenüber wie Leben und Tod“ (Gerhard von Rad). Im Lobruf des Hallelu-Jah wird Gottes rettende Gerechtigkeit als Grund und Ziel aller Wirklichkeit proklamiert (vgl. Ps 150).

Erneuerung aus den Quellen

Die Texte und Gesänge der Liturgie des österlichen Dreitags bieten – das hat der Blick auf einige markante Beispiele gezeigt – eine Fülle von Anknüpfungspunkten, in denen der grundlegende Zusammenhang von Liturgie und Diakonie nicht erst nachträglich hergestellt werden muss, sondern im feiernden Vollzug selbst konkret wird. Ein Leitmotiv, das uns zur „Entdeckung“ dieser Signale hingeführt hat, ist die göttliche Gerechtigkeit.

Im Folgenden sollen die freigelegten Motive und Ansatzpunkte noch einmal aufgenommen werden. Es ist zu fragen, wie sich das Diakonische im liturgischen Vollzug konkretisieren und aktualisieren kann. Dabei sind hier keine Gottesdiensthilfen zu erarbeiten, sondern es sind Grundstrukturen aufzuzeigen: Unter welchen Bedingungen wird die Liturgie zu einem diakonischen Ort?

Alltagstransparenz

Kehren wir zunächst zum Ausgangspunkt, zur liturgischen Eröffnung der dreitägigen Feier, zurück. Der Introitus des Gründonnerstags ist die Aufforderung zum Lobpreis des Kreuzes als Quelle von „Heil, Leben und Auferstehung“. Hier werden die Motive zusammengebunden, in denen die Einheit von Liturgie und Diakonie gründet. Die zentrale Stellung des Motivs „Leben" im Horizont von „Heil" und „Auferstehung" ruft den spannungsvollen Zusammenhang von „diesseitigem" Leben in seiner Fragilität und Verletzlichkeit einerseits, seiner Sehnsucht nach Heil und nach Ganzsein andererseits wach.

Die Botschaft von „Heil und Auferstehung" kann aber nur dort als wahr ankommen, wo Spuren des Heils und der Auferstehung konkret erfahrbar werden – und nicht der Verweis auf „dermaleinst" zur wohlfeilen Vertröstung verkommt. „Leben" – das konkrete, abgründige, banal oder großartig erscheinende, schön oder hässlich daherkommende, gelingende oder scheiternde –, die Vielfalt menschlichen Lebens muss in der Liturgie widerklingen und Raum haben. Hier liegt eine bleibende Anfrage an den Alltagsbezug der Liturgie – nicht nur der österlichen, sondern jeder liturgischen Feier. Erstes Kriterium diakonischer Liturgie muss unter der hier erarbeiteten Rücksicht ihre *Transparenz auf die Alltagserfahrung* der Feiernden hin sein.

Transzendierung des Alltäglichen

Noch ein zweiter Gesichtspunkt erschließt sich aus dem Introitus des Gründonnerstags. Der Zusammenhang von Leben, Heil und Auferstehung erschöpft sich nicht darin, das alltägliche Leben in den Raum der Feier hineinzuholen. In einer diakonischen Liturgie erfährt das Alltagsleben zugleich eine Transzendierung, es wird geöffnet auf Neues hin. Die Vergegenwärtigung göttlicher Gerechtigkeit im oben erschlossenen Sinn unterbricht die Alltagserfahrung. Sie gibt Raum für die Kritik des Vorfindlichen und für die Entdeckung neuer Möglichkeiten des je eigenen und des gesellschaftlichen Lebens. Ein zweites Kriterium diakonischer Liturgie ist daher die *Unterbrechung und Transzendierung des Alltäglichen.*

Gerechtigkeit als Teilhabe

Im Gesang „Ubi caritas et amor" erschließt sich die Möglichkeit göttlich gestifteter neuer Beziehungen: Barrieren zwischen Menschen aufgrund von Machtstrukturen, Gewalt und Fremdheit werden eingerissen. Die Gewaltförmigkeit im Umgang muss einer neuen Gestalt von Gemeinschaft weichen, die sich in Christus bzw. um Christus als Mitte („in seinem Namen") konstituiert. Auch im *Exsultet* kommt die neue Qualität der Beziehungen zur Sprache. Dies leuchtet beispielhaft am Motiv der „pietas" Gottes auf, die zum Vorbild der feiernden Gemeinde wird. Es geht um eine neue Art von Beziehung sowohl zwischen Gott und Mensch wie auch zwischen den Menschen, die aus der Erfahrung der Rettung, der Befreiung und der Neukonstituierung des Lebensgrundes trotz Schuldgeschichte und Todesverfallenheit erwächst.

Das *Teilen des Brotes* als Teilen der Leben spendenden und Leben erhaltenden Kraft Gottes ist der dichteste symbolische Ausdruck dieser neuen Beziehungsqualität, welche die feiernde Gemeinde als soziale Einheit prägen soll. Deshalb ist der Vollzug dieser Symbolhandlung der bleibende Auftrag der Kirche als Gemeinschaft derer, die um den Tisch des Herrn versammelt sind. Springender Punkt bei diesem Auftrag ist nun, dass die Versammlung um den Tisch des Herrn keine geschlossene Gesellschaft ist.

Sie ist vielmehr allen zugewandt, die das Brot des Lebens suchen – und hat ihnen allen von diesem Brot mitzuteilen. Darin muss sich die Erfahrung der Gerechtigkeit Gottes, wie sie sich in der liturgischen Dichte des Triduum Paschale erschließt, fortzeugen. Deshalb können die Christen das Brot am Tisch des Herrn nicht teilen, ohne auch das tägliche Brot zu teilen. Eben dieses Teilen des täglichen Brotes, der realen Lebensmöglichkeiten für die Vielen, wird zum Prüfstein für die Wahrhaftigkeit der eucharistischen Tischgemeinschaft. Ein drittes Kriterium diakonischer Liturgie betrifft also den *partizipativen Charakter* der Feier.

Leidempfindlichkeit

Die Liturgie des österlichen Dreitags, insbesondere des *Karfreitags*, vergegenwärtigt den solidarisch mitleidenden Christus – den Hohenpriester des Hebräerbriefs – und stellt ihn ins Zentrum der Verkündigung. Die Liturgie eröffnet darin einen Raum für das verdrängte Leiden. Sie kann zum Ort des Widerstands gegen die medial zwar vervielfältigte, aber zugleich in rasanter Beschleunigung dramatisch verkürzte Wahrnehmung menschlicher Wirklichkeit werden, der in erster Linie die konkrete Realität des Leidens zum Opfer fällt.

Die Klage, die in den biblischen Traditionen so häufig und vielschichtig laut werden darf, ist ein Stachel. Er kann helfen, die auch in der üblichen liturgischen Praxis weithin an den Rand geratenen Leid-Dimensionen menschlichen – individuellen wie gesellschaftlichen – Lebens wiederzugewinnen.[48] Solidarität mit den Leidenden beginnt mit dem Zulassen der Leiderfahrung.[49] Die Liturgie kann und muss vor dem Erfahrungshintergrund gesellschaftlicher Verdrängung des Leidens zur Schule des Sehens und des Hörens, des Schweigens und des Sprechens im Angesicht des Leidens werden. Das vierte Kriterium diakonischer Liturgie heißt folglich *Leidempfindlichkeit.*

Konversion

Das Motiv vom „neuen Herz und Geist“, mit dem die Lesung aus dem Propheten Ezechiel die grundlegende Umgestaltung des Gottesvolkes metaphorisiert, verweist auf eine Erfahrungslücke. Diese ist für die allermeisten Christinnen und Christen im westeuropäischen Kontext kennzeichnend: der Ausfall der Konversionserfahrung. Ein Kernelement christlichen Glaubens, *die Lebenswahl des Glaubens,* ist damit für sehr viele Glaubende nicht oder nur über erhebliche Umwege zugänglich.

Ein möglicher Zugang zur Ostererfahrung auf dem individuellen Glaubensweg entfällt dort, wo die Eingliederung in die Glaubensgemeinschaft nicht als bewusster Übertritt aus der „Genossenschaft" des Todes in die Gesellschaft des neuen Lebens gestaltet und gefeiert wird. Die Liturgie der Osternacht erschließt in der *Tauferneuerung* diese Grunddimension des Christseins. Die Frage, die von der Ezechiel-Lesung her aufbricht, richtet sich aber an jede Liturgie: Gibt sie Anlass, Raum und Hilfe zur Unterscheidung der Geister? Lädt sie ein, das Lebensangebot Gottes in der Erneuerung der je eigenen Glaubensentscheidung (Konversion) bewusst anzunehmen? Das fünfte Kriterium diakonischer Liturgie heißt demnach *Konversionsbewusstsein*.

Lebensfreude

Die selbstverständliche Zusammengehörigkeit von Osterliturgie und „Halleluja" verweist auf den Ursprung und das Ziel aller liturgischen Feier und aller christlichen Praxis. Im *Osterjubel* bricht sich die Wirklichkeit der Verheißung des Lebens Bahn. Er ist Ausdruck bereits geschehener Erlösung und Befreiung. Wenn es zu den Kennzeichen diakonischer Liturgie gehört, dass sie dem konkreten Leben in seiner Schönheit wie in seiner Erbärmlichkeit Raum gibt, dann gehört die Lebensfreude ebenso wie die Empfindlichkeit für das Leiden zu den Kriterien einer solchen Liturgie. Es ist kein Widerspruch, beides in der Liturgie zusammenzuführen, wenn denn die Erfahrungen des Lebens so vielfältig und widersprüchlich sind. Es ist freilich eine Aufgabe sorgfältiger Unterscheidung und geistlicher Diskretion, das eine mit dem anderen zu vermitteln bzw. beides unverkürzt zur Geltung zu bringen – und sich damit von einer Haltung abzusetzen, die „alles nicht so schlimm findet" und deren Kehrseite es ist, auch keine wirkliche, unverfälschte Freude empfinden zu können. Das sechste Kriterium diakonischer Liturgie heißt deshalb *Lebensfreude und Lebensfreundlichkeit*.

Die Liturgie der heiligen drei Tage bildet zweifellos den dichtesten liturgischen Zusammenhang des Kirchenjahres. Sie gibt Raum zur Einübung all jener Haltungen und Gestaltungen, die Christinnen und Christen in einem lebendigen Gottesverhältnis übernehmen und derer sie zugleich zum diakonischen Handeln bedürfen: Dank und Lobpreis, Bitte und Flehen, Anbetung und Einwilligung in den Willen Gottes, Hören und Schweigen, Klage und Anklage, Trauer und Verzweiflung, Hoffnung.[50]

Aufhellungen
Das Alte Testament in der Liturgie

Die zwei-eine Bibel in der Liturgie

Eine Herausforderung

Georg Steins

Probleme mit der Leseordnung

Zu den wichtigsten theologischen Diskussionen der Gegenwart gehört die eben erst beginnende Auseinandersetzung um die zukünftige Gestaltung der Leseordnung für die Sonntagsgottesdienste. Zwar hat die nach dem Zweiten Vatikanischen Konzil eingeführte Leseordnung viele Vorzüge, aber auch offiziell werden Schwächen und Lücken dieser Perikopenordnung offen ausgesprochen.[51] Die Probleme betreffen vor allem die Auswahl, Gestalt und Funktion der ersten Lesung aus dem Alten Testament.

Welche Bedeutung hat das Alte Testament im Zusammenhang der Bibeltexte des sonn- und feiertäglichen Formulars? Nicht berücksichtigt werden sollen im Folgenden die Probleme, die die *Umsetzung* der Leseordnung mit sich bringt, vor allem die beliebten Kürzungen im Leseteil des Wortgottesdienstes, durch die aus der Feier der Wort-Gottes-Verkündigung eine Art Vorspiel oder Impuls zur ungleich stärker gewichteten Predigt wird.

Bibeltheologie und Liturgie

Die noch recht junge Diskussion über eine Verbesserung oder Neugestaltung der Leseordnung hat bisher nicht zu befriedigenden Ergebnissen geführt. Aber es ist deutlich geworden, wie viel an bibeltheologischer Grundlagenarbeit noch von allen Beteiligten zu leisten ist. Das Schlüsselproblem ist die Relevanz der Eigenart der christlichen Bibel aus Altem und Neuem Testament für die Auslegung – also die Frage nach einer angemessenen *Schrifthermeneutik*. Im Stichwort von der „zwei-einen" Bibel deute ich diese Besonderheit der Heiligen Schrift an. Die Kehrseite dieses Problems ist die Frage, wie sich diese biblische Hermeneutik in der Liturgie auszuwirken hat, oder – anders formuliert – wie biblische und liturgische Hermeneutik sich zueinander verhalten. Unstrittig dürfte die Voraussetzung sein, dass die biblische Hermeneutik in der Gestaltung des Leseteils des Wortgottesdienstes die Dialogpartnerin einer liturgischen Hermeneutik sein muss, wenn denn die Schrift als Ganze und mit ihren Besonderheiten zum Tragen kommen soll. Darin wird die herausragende Rolle der Schrift anerkannt, an die das Zweite Vatikanische Konzil mit der Formulierung von der „Heiligen Schrift als Seele der Theologie" erinnert hat.[52]

In der neueren Hermeneutikdiskussion der alttestamentlichen Wissenschaft über die Eigenart der zwei-einen Bibel und ihre sachgerechte Behandlung – hier sind für die deutschsprachige Forschung besonders Christoph Dohmen, Norbert Lohfink, Rolf Rendtorff und Erich Zenger und darüber hinaus der Amerikaner Brevard S. Childs als Begründer einer neuen Bibelhermeneutik zu nennen[53] – zeichnen sich bei aller Unterschiedlichkeit der Positionen einige Grundlinien ab. Diese können wichtige Impulse für die Reform der Leseordnung geben. Beide Aspekte, die bibelhermeneutische Einsicht und die liturgiepraktische Relevanz, sind in den folgenden thesenhaften Bemerkungen jeweils zusammen im Blick.

Die Zwei-Einheit der Schrift

Ansatzpunkt der neueren Schrifthermeneutik ist die Eigenart der Bibel als hochkomplexe Einheit, die durch die Zweiheit der beiden (in sich wiederum vielgestaltigen) Teile „Altes Testament" und „Neues Testament" konstituiert wird. Mit der Formierung eines zweiten Kanonteils „Neues Testament" im 2. Jh. n. Chr. wird die Rezeption „biblischer" Schriften durch die junge Kirche grundlegend verändert. Dies galt sowohl für die von der Kirche übernommene „Jüdische Bibel", das „Alte Testament", als auch für die bis dahin vereinzelten oder in kleinen Sammlungen erfassten urchristlichen Schriften, die in das „Neue Testament" aufgenommen wurden. „Damit ist von vornherein auch schon klar, dass das spezifisch Christliche in Bezug auf die Bibel nicht im Neuen Testament zu finden ist, sondern in der spannungsvollen Einheit der beiden Bibelteile von Altem und Neuem Testament."[54]

Die Pastorale Einführung in das Messlektionar von 1981 drückt den gleichen, bibelhermeneutisch zentralen Gedanken mit einer anderen Formulierung aus: „Die Kirche verkündet ein und dasselbe Mysterium Christi, wenn sie das Alte und wenn sie das Neue Testament im Gottesdienst verkündet."[55] Das (Gott-)Geheimnis Christi ist in seiner Fülle nur aus der Zweieinheit der Bibel zu vernehmen. Vor jeder inhaltlichen Näherbestimmung sind damit zwei mögliche Missverständnisse abgewehrt: Das Neue des Neuen Testaments wird damit weder relativiert noch nivelliert, noch wird das Alte Testament zum *Alten*, zu einer im Grunde überholten Stufe der Offenbarung des Geheimnisses Christi, die nur noch als Vorgeschichte Beachtung verdient.

Das Alte Testament als gültiges Wort Gottes

Die These der Zwei-Einheit erkennt den denkbar hohen Stellenwert des Alten Testaments als des ersten Teils der Heiligen Schrift an. Es ist und bleibt auch nach der Herausbildung des Neuen Testaments Wort Gottes – ohne irgendeine Qualitätsminderung und Einschränkung –, wie es der Ruf nach den Lesungen in der Liturgie bekennt.[56] Ein zweiter Gedanke ist damit verbunden: Das Alte Testament wird von der Kirche nicht trotz, sondern *wegen Christus* beibehalten.[57]

> Wie von Campenhausen[58] überzeugend herausgestellt hat, war das Problem der frühen Kirche nicht, wie mit dem Alten Testament im Licht des Evangeliums umzugehen sei – das war Luthers Fragestellung –, sondern vielmehr umgekehrt: Wie hatten die Christen im Licht der jüdischen Heiligen Schriften, die als wahr-

haftiges Wort Gottes anerkannt waren, die gute Botschaft von Jesus Christus zu verstehen?[59]

> Das Alte Testament muss nicht erst christianisiert werden, um ein Zeugnis zu tragen für Christus, nein, weil es vom vergangenen, gegenwärtigen und künftigen Eintreten des Reiches Gottes in die Welt spricht, ist seine unverwechselbare Stimme unverzichtbarer Teil des Evangeliums. Die Entscheidung der frühen Kirche, die Schriften des Alten Testaments getrennt zu halten von denen des Neuen und nicht beides ineinander zu mischen, bedeutet eine nachdrückliche theologische Bekräftigung der bleibenden autoritativen Geltung ihres besonderen Zeugnisses. Zu glauben, das Alte Testament habe Autorität nur als Echo aufs Neue Testament, heißt, einen ganzen Chor von Stimmen in der christlichen Schrift zum Schweigen zu bringen. In der unabweisbaren Tatsache, dass alttestamentliche Töne oft dissonant zum Neuen Testament klingen, zeigt sich die Kraft des Alten Testaments, nicht seine Schwäche. Es ist ein schwerer theologischer Fehler, zu unterstellen, die christliche Kirche sei sich vollkommen klar, wie sie Jesus Christus aus dem Neuen Testament zu verstehen habe, während es das Alte Testament sei, das theologische Probleme verursache. Vielmehr ist es so: Die wahre Identität Jesu Christi kann allein vom Neuen Testament her und abseits vom Alten nicht verstanden werden.[60]

In seinem Buch „Theologie der einen Bibel" führt Brevard S. Childs diesen Gedanken fort:

> Es ist nicht der Fall, dass die neutestamentlichen Autoren eine vollständige Erkenntnis Christi besäßen und dass diese Erkenntnis dann das Alte Testament korrigiere. Es ist auch nicht angemessen, Interpretation nur als Denkbewegung in die eine Richtung vom Alten Testament zum Neuen zu verstehen. Vielmehr legen die beiden Testamente Zeugnis ab für den einen Herrn, auf unterschiedliche Weise, zu unterschiedlichen Zeiten, zu unterschiedlichen Menschen; und so werden beide im Lichte des lebendigen Herrn selber, der der vollkommene Abglanz der Herrlichkeit Gottes ist (Hebr 1,3), verstanden und richtig gehört.[61]

Diese hermeneutische Grundkonstellation – vom Alten und Neuen Testament her Gottes Handeln in Christus zu verstehen – wird im Gegenteil mit der Entscheidung für die Zwei-Einheit der Bibel für alle Zeiten festgeschrieben (= Kanon). Der Bezug auf das Alte Testament ist um der Fülle der Offenbarung willen christlicherseits jeder Beliebigkeit entzogen und erschöpft sich nicht in einer gewissen Achtung vor den neutestamentlichen Autoren, die notwendigerweise auf die „alttestamentlichen" Bücher zurückgegriffen haben. Das liturgische Musterbeispiel dieser das Alte und das Neue Testament in eine dialogische Denkbewegung einbeziehenden Bibelhermeneutik ist der Wortgottesdienst der Osternacht (s.u.).

Bibellesen als Dialog der Testamente

Die zwei-eine Bibel stellt mit der Forderung des dialogisierenden Lesens eine komplexe Anforderung an ihre Leserinnen und Leser. Mit dem Modell der Zweieinheit der Bibel ist ein kritischer Maßstab für alle weniger komplexen Zuordnungsmodelle gewonnen. Zuordnungen von alt- und neutestamentlichen Texten nach dem Modell der Typologie oder nach dem Modell von Verheißung und Erfüllung haben in bestimmten Fällen ein begrenztes Recht (die Bibel arbeitet nicht selten selbst mit diesen Modellen und zwar bereits schon innerhalb des Alten Testaments), sie sind aber nicht geeignet, das Verhältnis der beiden Teile der zwei-einen Bibel insgesamt in angemessener Weise zu erfassen. Das Schema „Verheißung – Erfüllung" beschreibt – ebenso wie die Schemata „Gesetz und Evangelium" oder „Gericht und Gnade" – immer grundlegende Aspekte des Wortes Gottes. Solche Modelle können jedoch nicht das komplexe Verhältnis der Buchteile in der zwei-einen Bibel zureichend beschreiben. Sie müssen zwangsläufig Missverständnisse und Fehleinstellungen produzieren. Auch die Betonung des Vorrangs des einen oder anderen Testaments in einer bestimmten Hinsicht darf nicht zum „Totalmodell" werden. Vielmehr gilt es, das jeweils Eigene der Testamente und ihrer Teile in der Besonderheit wahrzunehmen. Eine Verkürzung der komplexen hermeneutischen Grundkonstellation liegt immer dort vor, wo ein Kanonteil zum Filter der Wahrnehmung des anderen wird.

> Der christliche Kanon besteht aus zwei unterschiedlichen, getrennten Stimmen, faktisch sogar aus zwei unterschiedlichen Chören von Stimmen. Das Alte Testament ist die Stimme Israels, das Neue die der Kirche. Aber über all das hinaus ist die Stimme des Neuen Testaments im Wesentlichen die eines transformierten Alten Testaments, das nun im Lichte des Evangeliums verstanden wird. Jedoch an dieser zentralen Stelle wurde auf der Basis des Kanons die Folgerung gezogen, dass die nachapostolische Kirche uns als Rezipienten der beiden Testamente vor die Aufgabe gestellt hat, auf die selbständige Stimme des Alten Testaments mit gleichem Recht zu hören wie auf die des Neuen. Die Bildung des christlichen Kanons hat nicht dazu geführt, Israels Zeugnis von Gott und seinem Messias zu ersticken, sondern hat vielmehr dessen Notwendigkeit vergrößert.[68]

Neue Begriffe

Die neuere literaturwissenschaftliche Hermeneutik stellt eine Reihe von Begriffen zur Verfügung, die sich hervorragend eignen, die angedeuteten komplexen Beziehungen zwischen den Teilen der zwei-einen Bibel zu beschreiben. Es sind vor allem zwei Konzepte, die besondere Beachtung verdienen, weil sie problematische Begriffe und Ansätze korrigieren und exegetische Einsichten mit bibel- und liturgiehermeneutischen Erfordernissen vermitteln können: Das erste Konzept wird mit den Stichworten der „Dialogizität" und der „Intertextualität" gekennzeichnet, das zweite mit dem der „Rezeptionsästhetik".

Unter der Perspektive von Dialogizität und Intertextualität[62] lässt sich das Verhältnis der beiden Testamente und ihrer Teile in der zwei-einen Bibel als *vielstimmiges Mit- und Gegeneinander*[63] fassen. Die Heilige Schrift ist ein Gestalt gewordener Dialog über die Wirklichkeit Gottes in den Glaubensgemeinschaften von Juden und Christen – zur Norm (Kanon!) erhoben für die Nachfahren, damit sie in diesem dialogischen Textraum ihr Gespräch über die Gegenwart Gottes in ihrem Leben führen können. Die Liturgie aktualisiert und verdichtet diesen innerbiblischen Dialog, indem die feiernde Gemeinde in die großen Momente dieses Gesprächs hineingenommen wird. Sie steigert noch die innerbiblische Intertextualität, indem sie biblische und liturgische Texte, die oft selbst der Bibel entnommen sind, in vielfältiger Weise aufeinander bezieht. Begriffe wie „Auslegung" oder „Kommentar" holen diese z.T. äußerst komplexen intertextuellen Vernetzungen nicht adäquat ein. In der liturgischen Rezeption der zwei-einen Bibel entsteht eine spezifische Textwelt und damit eine eigene Weltsicht.

Im „Heute" lesen

Mit dieser der Liturgie eigenen „Hereinnahme" der Vergangenheit in die Gegenwart (Anamnese) ist das zweite genannte Konzept, die Rezeptionsästhetik, berührt.[64] Die Einsichten der Rezeptionstheorie sind für die Berücksichtigung der besonderen Eigenart der zwei-einen Bibel und für den liturgischen Umgang mit der Bibel von Bedeutung. Im Lichte der Rezeptionsästhetik, die die aktive Rolle der Lesenden im Prozess des Lesens und Interpretierens betont – also (neben der Textproduktion) die Rezeption als schöpferischen Akt versteht – ist es nicht mehr möglich, das Alte Testament als das „uneigentliche" Wort Gottes zu verstehen, dem das Neue Testament als das „eigentliche" und „letztlich gültige" gegenübersteht. Je nach dem unterschiedlichen Standort und den divergierenden Erfahrungen (Ostern!) ergeben sich verschiedene Leseweisen biblischer Texte. Dem sich ständig wandelnden Erfahrungshintergrund auf der Rezipientenseite entsprechend enthüllen die biblischen Texte in immer neuen Interpretationen ihren unausschöpfbaren Sinnreichtum.[65]

Das klarste Exempel für diesen dialogischen und sinnoffenen Umgang mit der zwei-einen Schrift ist die Liturgie der Osternacht. Bereits das Exsultet („Dies ist die Nacht ...") entwickelt eine implizite Schrifthermeneutik, die mit ihrer Neufassung des Zeitverständnisses alle gängigen Modelle der Verhältnisbestimmung von Altem und Neuem Testament kühn überbietet. Sie ruft unter der Perspektive des Rettungshandelns Gottes die Fülle der Schrift „in Erinnerung": So wird der Schöpfungstext Gen 1 zur Ostergeschichte und der Evangelientext zur Schöpfungsgeschichte. Die liturgische Hermeneutik, wie sie in besonderer Weise an der Osternacht ablesbar ist, definiert damit Anforderungen an jede Leseordnung, die sich mit den genannten Einsichten der neueren Bibelhermeneutik treffen und verbinden können.[66]

Der Aufbau der Bibel als Lesehilfe

Die neuere Kanondiskussion hat nicht nur – wie oben dargelegt – neu die Aufmerksamkeit auf die Einheit und Ganzheit der Schrift gelenkt, sondern auch die Sensibilität für die Architektur der Bibel und ihrer Teile gestärkt. Die Bibel ist keine nachträgliche lockere Aneinanderreihung von verschiedenen Büchern aus einem weit umfangreicheren Reservoir jüdischer und christlicher Schriften. Sie besitzt vielmehr in beiden Teilen und in ihrer Gesamtheit eine vielschichtige Struktur, die für ihre Bedeutung nicht unerheblich ist. Darin liegt die entscheidende Vorgabe für jede Veränderung der bestehenden und für den Entwurf einer zukünftigen Leseordnung.

Beide Teile der Bibel sind toplastig: Ihre jeweils ersten Teile – Tora/Pentateuch und Evangelien – stellen nicht nur den der Reihe nach ersten Teil dar, sondern sind grundlegend. Sie müssen deshalb auch die tragenden Elemente einer neuen Ordnung bilden. Alle anderen Teile sind dem zuzuordnen. Auch hier bietet die Liturgie der Osternacht das Urmodell.

Von diesen Eckpunkten ausgehende Entwürfe bleiben nahe bei der Gestalt des biblischen Kanons und können so auch den Reichtum des innerbiblischen Dialogs zur Geltung bringen.[67] Durch dieses textnahe Vorgehen wird auch eine Gefahr abgewehrt, welche die Liturgie erheblich belasten kann: Die Gefahr, durch eine allzu ausgefeilte und von außer- und unbiblischen Systematiken bestimmte Textauswahl und Zuordnung die Möglichkeiten des Dialogs der Texte von vorneherein zu beschneiden und die Texte durch die Zusammenstellung auf eine Aussage festzulegen.

Homiletische Spots zur alttestamentlichen Predigt

Heinz-Günter Bongartz

1. *„Ein Lump ist, wer mehr gibt als er hat!"*

Ich kann nur erzählen von dem, was mir selbst wichtig und bedeutend ist. Alttestamentliche Predigt hat ihren Anfang in der Liebe zu der Geschichte Gottes mit seinem Volk. Diese Geschichte hat nie aufgehört, sondern Gottes Bund mit Israel hat „Bestand für immer"! Alttestamentliche Predigt setzt darum eine persönliche, eine existentielle Beziehung des Predigers und der Predigerin zu „Gottes ungekündigtem Bund mit seinem Volk" (Johannes Paul II.) voraus. Sonst ist alle Rede über die alttestamentliche Botschaft wie „tönernes Erz"!

2. *„Wäre nicht das Auge sonnenhaft, die Sonne könnt' es nie erblicken;*
   Läg' nicht in uns des Gottes eigne Kraft, wie könnt' uns Göttliches entzücken?"
   (Johann Wolfgang von Goethe)

Die Verkündigung des Alten Testaments kann nicht ohne die Rückbindung an eine wissenschaftlich verantwortete Exegese erfolgen. Dabei lässt sich die heute übereinstimmende Auffassung der Bibelwissenschaft, dass die vielen narrativen Texte der Tora fiktional zu verstehen sind, nicht leugnen. „Fiktional" heißt: Die biblischen Texte referieren nicht, was und wie es gewesen ist, sondern entwerfen eine Welt nach dem Willen Gottes. Alttestamentliche Predigt übergeht diese „Fiktionalität" nicht, verliert sich aber ebensowenig in einem wissenschaftlichen Legitimationsdruck. Dieser könnte der Gefahr erliegen, das mit analytischer Akribie erklären zu wollen, was als Kunst des Gotteswortes das offene Herz des Zuhörenden bewegen soll. Die Gedächtnisgeschichte Israels ist eine Geschichte Gottes mit dem Menschen, die sich hier und heute (!) ereignet.

3. *„Was die Menschen wirklich wollen, ist nicht Wissen, sondern Gewissheit."*
   (Bertrand Russell)

Darum sucht die alttestamentliche Predigt nach der Botschaft über Gott. Sie traut der Bibel eine „dynamis" zu. Alttestamentliche Botschaft ist keine „Vorgeschichte" über Gott, ebenfalls auch keine „Erklärungshilfe" für die neutestamentliche Offenbarung. Das Alte Testament erzählt in einer genuinen und authentischen Weise über die Erfahrungen eines Volkes mit Gott. So soll sich dieser Glaube im Heute neu ereignen und die Gegenwart Gottes heute zur Gewissheit werden. Darum muss die alttestamentliche Predigt zeigen, dass sie im Heute eine Zukunft aufscheinen lässt, die nicht von gestern ist, aber im Gestern ihre unverwechselbaren Wurzeln hat.

4. *„Erfahrung ist die beste Lehrmeisterin, und das Gute daran ist: man bekommt stets Einzelunterricht." (Inge Meysel)*

Alttestamentliche Predigt erschließt in der Erzählung einer Glaubensgeschichte eine Glaubenserfahrung, die sich über jahrhundertlange Wege in literarischen Formen verdichtet hat. Dabei geht es immer auch um den Einzelnen. Alttestamentliche Predigt hält die Geschichte Gottes mit seinem Volk den Zuhörern so hin, dass diese mit den je eigenen Erfahrungen angestoßen und angesprochen werden. Predigt und Auslegung einer biblischen Textstelle reklamieren nicht, wie der Text zu verstehen sei, sondern sind Einladung, das Wort der Schrift als Anstoß zu verstehen und selbst die Suche zu beginnen. So kann sich auftun, mit welchen Erfahrungen Gott durch den Text mit dem Hörer bzw. der Hörerin in den Einzelunterricht gehen will.

5. *„Beim Wein schmeckt man den Boden!"*

Alttestamentliche Predigt wirbt um den Gott, der nah und fern, der freundlich und fremd, der barmherzig und zornig, der werbend und abstoßend, der so liebenswert und geheimnisvoll zugleich sein kann. Die ganze Bibel ist eine einzige leidenschaftliche Werbung Gottes um den Menschen. Darum sucht die alttestamentliche Predigt in allen biblischen Texten nach der Botschaft von Gott. Selbst in den deftigen paränetischen Teilen der Bibel steckt im Bodensatz Gott. Er will uns dort zeigen, wie Mensch und Welt sein könnten, wenn sie auf seinem „heiligen Boden" stehen.

6. *„Aufmerksamkeit ist die stärkste Kraft der Veränderung!" (Simone Weil)*

Alttestamentliche Predigt beginnt mit der Frage an den Prediger bzw. die Predigerin, was er oder sie den Texten zutraut. Die biblischen Texte sind eine „Kraft Gottes"! Der Hörende will nicht nur „verstehen!" Er möchte entdecken, fühlen, wahrnehmen, staunen, bewundern, erschrecken, getroffen sein – darüber, wie Gott hinter seinem Wort steht. Das geht nur, wenn der Prediger bzw. die Predigerin mit der Predigt zu einem lebendigen Zeugnis für eine Aufmerksamkeit wird, die mit Gottes Kraft im Wort rechnet. Somit wird die Tora nicht zuallererst durch noch mehr Geschichten und Geschichtchen erschlossen. Sie kommt vielmehr dann zur Wirkung, wenn der Predigende in einer aufmerksamen Selbstwahrnehmung darüber Zeugnis gibt, wie Gottes Wort ihn selbst verändert hat.

7. *Kein „Wenn" und kein „Aber" …*

Ostern lässt sich ohne die Geschichte Gottes mit seinem Volk nicht verstehen. Und die Geschichte Gottes lässt sich für uns als Getaufte nicht verstehen ohne Christus. „Die Kirche verkündet ein und dasselbe Mysterium Christi, wenn sie das Alte und wenn sie das Neue Testament im Gottesdienst verkündet." (Pastorale Einführung in das Messlektionar, 5) Alttestamentliche Verkündigung lebt nicht von einer Überhöhung durch die neutestamentliche Botschaft, und das Neue Testament wird nicht glaubwürdiger durch eine Herabsetzung und fortwährende Degradierung der alttestamentlichen Gottesgeschichte.

8. *„Gebete ändern nicht die Welt. Aber die Gebete ändern Menschen und Menschen ändern die Welt." (Albert Schweitzer)*

Predigt ist Liturgie und Liturgie ist Gebet. Darum passt in einer Liturgie nicht jede Predigt, und jede Predigt braucht eine antwortende Liturgie. Beides ist ein wechselhaftes Kommunikationsgeschehen und will nichts anderes, als Menschen in eine Beziehung zu Gott setzen. Hier liegen Grenzen – besonders für die Osternacht, in der die Liturgie den Rahmen für die Predigt festlegt.

9. „Kein Mensch will etwas werden, ein jeder will schon etwas sein."
(Johann Wolfgang von Goethe)

Israel hat in den dunkelsten Stunden daran festgehalten, dass Gott zu seinem Volk steht. Es hat trotz unterschiedlicher Irrwege immer darauf vertraut, dass es vor Gott nicht erst etwas werden muss, sondern dass Gott ihm als auserwähltes Volk seine Identität zugesprochen hat. Daraus hat Israel eine Hoffnung abgeleitet, die zur Verheißung für alle Völker geworden ist und an der wir durch Jesus Christus heute dankbar partizipieren. Davon spricht die Predigt, ohne das Alte Testament christologisch zu vereinnahmen oder gar fälschlich zu überhöhen.

10. Gott liebt Geschichten

Elie Wiesel erzählt eine Geschichte, die zum Erzählen einlädt und erzählend das Feuer rettet:

> Wenn der Großrabbi Israel Baalschemtow sah, dass dem jüdischen Volk Unheil drohte, zog er sich für gewöhnlich an einen bestimmten Ort im Walde zurück; dort zündete er ein Feuer an, sprach ein bestimmtes Gebet, und das Wunder geschah: das Unheil war gebannt.
> Später, als sein Schüler, der berühmte Maggid von Mesritsch, aus den gleichen Gründen im Himmel vorstellig werden sollte, begab er sich an denselben Ort im Wald und sagte: Herr des Weltalls, leih mir dein Ohr. Ich weiß zwar nicht, wie man ein Feuer entzündet, doch ich bin noch imstande, das Gebet zu sprechen. Und das Wunder geschah.
> Später ging auch der Rabbi Mosche-Leib von Sasow, um sein Volk zu retten, in den Wald und sagte: Ich weiß nicht, wie man ein Feuer entzündet, ich kenne auch das Gebet nicht, ich finde aber wenigstens den Ort und das sollte genügen. Und es genügte: wiederum geschah das Wunder.
> Dann kam der Rabbi Israel von Riszin an die Reihe, um die Bedrohung zu vereiteln. Er saß im Sessel, legte seinen Kopf in beide Hände und sagte zu Gott: Ich bin unfähig, das Feuer zu entzünden, ich kenne nicht das Gebet, ich vermag nicht einmal den Ort im Wald wiederzufinden. Alles, was ich tun kann, ist diese Geschichte zu erzählen. Das sollte genügen. Und es genügte.[69]

Anmerkungen

1 Vgl. Gottes Volk Heft 3 (1988) 72. Ähnliche Vorschläge finden sich inzwischen in vielen pastoralliturgischen Arbeitshilfen.
2 Dafür werden stets pauschal „pastorale Gründe" genannt; welche Gründe hinreichend sind, bleibt offen. Reichen z.B. mangelnde Phantasie bei der Vorbereitung der Gemeinde auf den Höhepunkt des liturgischen Jahres oder die ungeprüfte Annahme, dieses und jenes sei einer Gemeinde nicht zuzumuten, aus?
3 Wer käme schon auf die Idee, z.B. die Streichung des letzten Hauptteils des Credos freizustellen?!
4 Vgl. die theologisch tiefen und exegetisch ausgewiesenen Deutungen von G. von Rad, Das erste Buch Mose. Genesis (Altes Testament Deutsch Bd. 2/4), Göttingen 1981, 188-194 und O.H. Steck, Ist Gott grausam? Über Isaaks Opferung aus der Sicht des Alten Testaments, in: W. Böhme (Hg.), Ist Gott grausam? Eine Stellungnahme zu Tilmann Mosers „Gottesvergiftung", Stuttgart 1977, 75–95.
5 Eine Übersicht über die Debatte um das Verhältnis der beiden Testamente in der einen Bibel vermittelt Ch. Dohmen/Th. Söding (Hg.), Eine Bibel – zwei Testamente. Positionen Biblischer Theologie, Paderborn 1995.
6 So liest sich das Gebet nach der siebten alttestamentlichen Lesung wie ein zusammenfassender Kommentar zum vorangegangenen Reigen der Lesungen: „Herr, unser Gott, durch die Schriften des Alten und des Neuen Bundes führst du uns ein in das Geheimnis dieser heiligen Nacht ..." Man beachte, dass hier kein qualitativer Unterschied gemacht wird zwischen den beiden Teilen der Bibel. In der lateinischen Fassung kommt dies noch deutlicher zum Ausdruck, denn dort ist von „jedem von beiden Testamenten" die Rede.
7 J. Wohlmuth, Jesu Weg - unser Weg. Kleine mystagogische Christologie, Würzburg 1992, 161.
8 Zur Auslegung der Bibel durch die Liturgie der Osternacht vgl. besonders: N. Lohfink, Das Alte Testament christlich ausgelegt. Eine Reflexion im Anschluß an die Osternacht, Freising 1988.
9 Dadurch ergäben sich auch neue Möglichkeiten, der Vigilfeier ein größeres Gewicht zu verleihen, wie es der „Mutter aller Vigilien" (Augustinus) entspräche.
10 Vgl. P.F. Bradschaw/L.A. Hoffman, Passover and Easter, Notre Dame 1999, 224.
11 Zum Verständnis dieses Grundzuges der biblischen (keineswegs nur alttestamentlichen!) Gottesrede vgl. E. Zenger, Ein Gott der Rache? Feindpsalmen verstehen, Freiburg 1998 und M. Görg, Der un-heile Gott. Die Bibel im Bann der Gewalt, Düsseldorf 1995.
12 Zur Wiedergewinnung der altkirchlichen Leseordnung vgl. D. B. Botte, Le choix des lectures de la veillée pascale, Questions liturgiques et paroissiales 33 (1952) 65–70; B. Kleinheyer, Schriftlesungen in Karwoche und Ostertriduum, Liturgisches Jahrbuch 40 (1990) 3–25.
13 Zur Bedeutung des Isaakopfers für die Christologie vgl. Joh 3,16 und Röm 8,32.
14 Vgl. R. le Déaut, La nuit pascale, Rome 1963, 64f.
15 N. Lohfink, zit. nach Welt und Umwelt der Bibel, Heft 2 (1996) 26.
16 E. Troeltsch, Die Soziallehre der christlichen Kirchen und Gruppen (1912) 979, zit. nach Kurt Koch, Österliche Eucharistiegemeinde am Sonntag, Vortrag auf der Priesterratstagung in Duderstadt, Januar 2001.
17 Christ in der Gegenwart im Bild, 1 (1994) 6.
18 Vgl. R. Gradwohl, Bibelauslegung aus jüdischen Quellen, Bd. 1, Stuttgart 1986, 79.
19 K. Rahner, Von der Not und dem Segen des Gebetes, Freiburg 1992, 26–27.
20 B. Jacob, Das Buch Exodus, Stuttgart 1997, 425.
21 P.M. Zulehner, Kirchenenttäuschungen. Ein Plädoyer für Freiheit, Solidarität und einen offenen Himmel, Wien 1997, 56.
22 R. Zerfaß, Für uns Menschen. Predigten zum Lesejahr C, Düsseldorf 1994, 52.
23 W. Feneberg, Grunderfahrungen der Bibel, Entschluß 35 (1980) 10.
24 A. Delp (geschrieben 1945 im Gefängnis, kurz vor der Hinrichtung), Quelle unbekannt.
25 E. Canetti, Die gerettete Zunge. Geschichte einer Jugend, Frankfurt a. Main 2000, 274–275.
26 M. Rudolph, Es gibt Augenblicke. Begegnungen einer Krankenhausseelsorgerin, München 2000, 101-102.
27 J. Ratzinger, Die Vielfalt der Religionen und der Eine Bund, Bad Tölz ^{2}1998, 25 und 58.

28 M. Gronemeyer, Das Leben als letzte Gelegenheit. Sicherheitsbedürfnisse und Zeitknappheit, Darmstadt 1993.
29 W.-V. Lindner, Predigten eines Psychoanalytikers, Göttingen 1993.
30 Hannoversche Allgemeine Zeitung, 13. Februar 2001,1 und 3.
31 J. Ratzinger, Gott und die Welt. Glauben und Leben in unserer Zeit, München 2000, 66.
32 Ebd.
33 Vgl. J. J. Petuchowski, „Es lehrten unsere Meister ...". Rabbinische Geschichten, Freiburg 1979, 81–82.
34 Ebd. 111–113.
35 Im Messbuch ist die Pfingstvigil ausdrücklich vorgesehen. Hier sollen die Auswahllesungen für den Vorabend von Pfingsten genommen werden, dazu kommen eigene Gebete, die im Anhang zum Messbuch abgedruckt sind.
36 R. Zerfaß, Volk Gottes unterwegs: in der Fremde, unter den Völkern, in: H. Haslinger (Hg.), Praktische Theologie, Grundlegungen, Mainz 1999, 171.
37 Ebd. 173.
38 Nach F. W. Niehl (Hg.), Die vielen Gesichter Gottes. Ein geistliches Lesebuch, München 1991, 126.
39 Vgl. dazu P. van Breemen, Wie Brot, das gebrochen wird. 20 Meditationen, Würzburg 1978, 138–146, bes. 142.
40 Würzburger Synode, „Beschluss Gottesdienst", 1, zit. nach: Gemeinsame Synode der Bistümer Deutschlands. Offizielle Gesamtausgabe, Freiburg 1976, 197.
41 Das Folgende versteht sich als essayhafte Annäherung an den in der Liturgie selbst enthaltenen und neu aufzuspürenden Zusammenhang von Feier und diakonischer Weitergabe des Glaubens. Eine liturgiehistorische Rückbindung der Überlegungen kann in diesem Rahmen nicht geleistet werden.
42 Für eine Zukunft in Solidarität und Gerechtigkeit. Wort des Rates der Evangelischen Kirche in Deutschland und der Deutschen Bischofskonferenz zur wirtschaftlichen und sozialen Lage in Deutschland, hg. vom Kirchenamt der EKD und dem Sekretariat der DBK, Bonn - Hannover 1997 (Gemeinsame Texte 9), Nr. 101.
43 De iustitia in mundo (Römische Bischofssynode 1971), Nr. 59, zit. nach: Texte zur katholischen Soziallehre, hg. von der Katholischen Arbeitnehmerbewegung, Kevelaer [8]1992.
44 B. Kranemann, Liturgiefeier und Dienst am Nächsten. Anregungen aus einer theologischen Studienwoche in Freising, Gottesdienst 32 (1998) 81-83, 81.
45 M. Buber, Der Glaube der Propheten, Darmstadt 1984, 137.
46 Vgl. Gal 6,14.
47 Vgl. N. Lohfink, Die deutsche Übersetzung des Exsultet. Kritische Analyse und Neuentwurf, LJ 49 (1999) 39–76. Eine Vertonung der neuen Exsultetübersetzung in: Bibel und Liturgie Heft 1/2001.
48 Zur Wiedergewinnung dieser Dimension des Gottesglaubens vgl. G. Steins (Hg.), Schweigen wäre gotteslästerlich. Die heilende Kraft der Klage, Würzburg 2000.
49 Vgl. M. Heimbach-Steins, Das Menschenrechtsethos vor der Realität des Leidens, in: G. Höver (Hg.), Leiden, Münster 1997, 229–257.
50 Vgl. die grundlegende diakonische Bestimmung von Kirche in der Pastoralkonstitution Gaudium et spes, Nr. 1.
51 Vgl. das Dokument der Päpstlichen Bibelkommission „Die Interpretation der Bibel in der Kirche" (Verlautbarungen des Apost. Stuhls 115) 106f.
52 Vgl. die Dogmatische Konstitution über die göttliche Offenbarung Dei Verbum 24 und das Dekret über die Priesterausbildung Optatam totius 16. - Die genannte Funktion der Schrift gilt nicht nur für den Bereich der wissenschaftlichen Theologie, sondern für das Leben der Kirche insgesamt.
53 Vgl. die kurzen Darstellungen der jeweiligen hermeneutischen Positionen in Ch. Dohmen/T. Söding (Hg.), Eine Bibel – zwei Testamente. Positionen Biblischer Theologie, Paderborn 1995, ferner K. Richter/B. Kranemann (Hg.), Christologie der Liturgie. Der Gottesdienst der Kirche – Christusbekenntnis und Sinaibund, Quaestiones disputatae 159, Freiburg 1995 und G. Steins (Hg.), Leseordnung. Altes und Neues Testament in der Liturgie, Gottes Volk – Sonderband, Stuttgart 1997 (jeweils mit weiterführender Lit.).
54 Ch. Dohmen, Die Post eines anderen lesen ...? Christliches Verstehen der Bibel Israels, Religionsunterricht an höheren Schulen 40 (1997) 97.

55 Die Meßfeier - Dokumentensammlung. Auswahl für die Praxis, hg. vom Sekretariat der DBK (Arbeitshilfen 77), ^{5}1995, 193.

56 Alttestamentliche Texte bedürfen ebenso wie Texte aus dem Neuen Testament immer der Auslegung. Der grundlegende Anspruch, Wort Gottes im Menschenwort zu sein, gilt für „leicht vermittelbare" wie „problematische" Texte gleichermaßen. Deshalb sind alle Vorschläge abzulehnen, die je nach der „Qualität" alttestamentlicher Texte diesen in der Liturgie entweder das Prädikat „Wort des lebendigen Gottes" zuerkennen oder sie „nur" als Texte eines alttestamentlichen Autors ausgeben. Recht besehen ist uns jeder Bibeltext fremd, müsste uns jeder Text stören, weil das Wort Gottes immer richtendes und rettendes Wort in einem ist. Vgl. den fragwürdigen Vorschlag zu einer Änderung der liturgischen Praxis von O. Knoch, Die biblischen Lesungen – „Wort Gottes" für heute? Fragen zur Formel: „Wort des lebendigen Gottes", Gottesdienst 27 (1993) 169–171 und die Kritik an diesem Vorschlag von E. Naab, „Wort des lebendigen Gottes". Erwägungen zu einer liturgischen Formel, Klerusblatt 74 (1994) 175–178.

57 Vgl. W. Breuning, Art. „Altes Testament", LThK 3. Aufl., 457–461; im Vergleich mit dem entsprechenden Artikel in früheren Auflagen dieses Lexikons wird die hermeneutische Wende seit dem Zweiten Vatikanischen Konzil (Dei verbum und Nostra aetate 4) überdeutlich.

58 Vgl. A. von Campenhausen, Die Entstehung der christlichen Bibel, Tübingen 1968, 77f.

59 B.S. Childs, Die Bedeutung der hebräischen Bibel für die biblische Theologie, Theologische Zeitschrift 48 (1992) 384.

60 B.S. Childs, Die Bedeutung 387f.

61 B.S. Childs, Die Theologie der einen Bibel, Bd. 1: Grundstrukturen, Freiburg 1994, 112. – Vgl. auch die Klarstellungen in der Ansprache Johannes Pauls II. vor der Vollversammlung der Päpstlichen Bibelkommission vom 11.4.1997; dt. Übersetzung in: Bibel und Liturgie 70 (1997) 321–323.

62 Vgl. G. Steins, Die „Bindung Isaaks" im Kanon. Grundlegung und Programm einer kanonisch-intertextuellen Lektüre, Freiburg 1999 (mit Lit.).

63 Vgl. das genannte Dokument der Päpstlichen Bibelkommission, in dem der Spannungsreichtum der Bibel als Basis ihrer unausschöpfbaren Sinnfülle vor allem gegenüber fundamentalistischen Vereinheitlichungstendenzen wiederholt herausgestellt wird. Der interne Pluralismus der Hl. Schrift wahrt das Geheimnis Gottes und spiegelt ihre lebensgeschichtliche Bedeutung für die mit ihr verbundenen Glaubensgemeinschaften wider.

64 U.H.J. Körtner, Der inspirierte Leser. Zentrale Aspekte biblischer Hermeneutik, Göttingen 1994.

65 Das ist einer der wiederholt vorgetragenen Kerngedanken im Dokument der Bibelkommission. - Es kann nicht entschieden genug betont werden, dass Offenheit der Texte für verschiedene Interpretationen nicht Beliebigkeit bedeutet. Die Grenzen der Interpretation werden markiert durch den Bezug auf die Gesamtheit des Kanons und auf die jeweilige Glaubensgemeinschaft; vgl. das Dokument der Bibelkommission, 81: „Die Heilige Schrift steht in fortwährendem Dialog mit den Glaubensgemeinschaften: sie ist ja aus ihren Glaubenstraditionen hervorgegangen. Ihre Texte haben sich in der Beziehung zu diesen Traditionen entwickelt und andererseits zu ihrer Entwicklung beigetragen. Daraus folgt, dass die Auslegung der Heiligen Schrift innerhalb der Kirche stattfindet, in ihrer Pluralität und ihrer Einheit und in ihrer Glaubenstradition."

66 Zu einer rezeptionstheoretischen Beschreibung der Liturgie vgl. Pastorale Einführung in das Meßlektionar, 192: „Der Gottesdienst, der ganz aus dem Wort Gottes lebt, (wird) selbst zu einem neuen Heilsereignis. Er legt das Wort neu aus und läßt es neu wirksam werden. So folgt die Kirche in der Liturgie treu der Art und Weise, wie Christus die Heiligen Schriften gelesen und ausgelegt hat. Er hat dazu aufgefordert, alle Schriften zu ergründen vom ‚Heute' des Ereignisses, das er selber ist."

67 Vgl. die konkreten Überlegungen von G. Braulik, Kanon und liturgische Schriftlesung. Bibelhermeneutische Überlegungen zur Neuordnung der Sonntagsperikopen, in: G. Steins (Hg.), Leseordnung, 114–121.

68 B.S. Childs, Die Theologie der einen Bibel, Bd. 2: Hauptthemen, Freiburg 1996, 447.

69 E. Wiesel, Die Pforten des Waldes, München 1965, 5.

Dank

Viele Texte dieses Oster-Buches sind zunächst für unterschiedliche Gelegenheiten verfasst worden – immer als Antworten auf konkrete Herausforderungen und für bestimmte Zielgruppen: Studientage mit Lektorinnen und Lektoren zur Osternacht, Fastenpredigten im Hildesheimer Dom, Glaubensgesprächsgruppen in der Fastenzeit, Priesterfortbildungen, liturgische Einführungen zu den Kar- und Ostertagen u.a. Für den Druck wurden alle Texte überarbeitet.

Der Anstoß, dieses Buch zusammenzustellen, geht auf fünf von uns gemeinsam geleitete theologische Fortbildungswochen mit Priestern des Bistums Hildesheim im Winterhalbjahr 2000/2001 zurück. Die Diskussionen und das große Interesse an unserer Lektüre der alttestamentlichen Osternachtlesungen haben uns gezeigt, wie notwendig eine bibeltheologisch fundierte Erschließung dieser oft sehr sperrigen Bibeltexte ist. Wir danken den Teilnehmern der Fortbildungen für den intensiven Austausch; es gab in den Gesprächen viele österliche Lichtspuren.

Namentlich danken wir *Sr. Erentrud Trost OSB* für die Erlaubnis, das Exodusfenster aus der Benediktinerinnenabtei Varensell als Vorlage für den Umschlag zu verwenden, *Marianne Heimbach-Steins* für die Mitarbeit an dem Beitrag zu „Liturgie und Diakonie. Impulse aus der Feier des österlichen Triduums", *Domdechant Weihbischof Hans-Georg Koitz* für die Einladung zu den Fastenpredigten 2001, *Weihbischof Dr. Nikolaus Schwerdtfeger* für die engagierte, kreative und kritische Unterstützung im Werden der Predigten, *Christoph Dohmen* für hilfreiche exegetische Hinweise, *Erika Henze* für Schreibarbeiten, *Elisabeth Wächter* und *Gisela Volkwein* für das Korrekturlesen, *Daniela Kranemann* (Fa. CORRIGENDA) für die fachkundige Unterstützung bei der Fahnenkorrektur und schließlich dem Verlag Don Bosco, besonders der Lektorin *Esther Hebert*, für die erfreuliche Zusammenarbeit bei der Herstellung des Buches.

Wir widmen dieses Buch unseren Eltern als Zeichen der Dankbarkeit.

Heinz-Günter Bongartz
Georg Steins